法学学習戦略

Karl-Friedrich Lenz

ISBN: 1514863839

ISBN-13: 978-1514863831

目次

A．本書の目的と書き方

I．目的

2002年に、ドイツ語で「Lernstrategie Jura」という表題の本を発表した[1]。「法学学習戦略」の意味である。本書は、この問題について日本語で分かりやすく説明することを目的とする。

以前の本で紹介した考えは、各種授業で説明する機会が多い。その際、他にも話題があるため、時間的余裕がない。本書は、その際に時間の都合で説明できない部分を補うように使う予定である。

II．書き方

以下の方針で書く予定である。

第一、分かりやすい文章を目指す。そのために、短い文書にする。全体も、余計な内容を容赦なく削除して、できるだけ少ないページ数に収める。

第二、必要最低限の脚注を付けるが、できる限り、脚注を避ける。本書は、自分の考え中心に書く予定である。他人の考えの引用・紹介・検討は、本書の目的でない。

III．「法学学習戦略」はなぜ考えるべきか

私は、25年間以上、日本の大学で法学科目を教えている。

---

[1] Lenz, Lernstrategie Jura, 2002年。無料ＰＤＦはk-lenz.de/6にある。Amazonでの注文ページは、k-lenz.de/ls01にある。

法学を教えることを職業としている。ならば、どのようにすれば効率よく教えることができるかについて、当然に考えるべきである。

法学部の学生は、高い学費を払って4年間も時間を掛けて、法学を勉強している。勉強することを職業としている。ならば、どのようにすれば効率よく勉強できるかについて、当然に考えるべきである。

法科大学院の学生は、高い学費を払って、数年間も時間をかけて、本気で法学を勉強する。勉強することを職業としている。法科大学院を修了した後に、司法試験に上位合格する目標がある。ならば、どのようにすれば効率よく勉強できるかについて、当然に考えるべきである。

勉強の速度を測る単位を勝手に定義する。この単位をEinsteinと呼ぶ。一Einsteinは、一時間当たり、一万文字分の情報量を長期記憶に残す速度と定義する。天才的な速度である。この単位をＥと略する。その単位の一千分の一はmilliEinsteinと呼んで、mEと略する。一mEの速度で勉強する者は、一時間当たり10文字分の情報量を長期記憶に残す。

学生Ａが平均として77mEの速度で勉強しているのに対し、学生Ｂが11mEの速度しかない。両方が法学部の4年間で1万時間の勉強量を確保した場合、Ａの勉強成果がＢの7倍も多い。

数時間の投資で平均速度を激増できる可能性がある。そのため、その投資は、合理的である。

法学学習の目的は、人によって異なる。仮に「司法試験上位３％以内の短期間合格」の目的を前提とする。

この目的に向かって努力する場合、自分で変更できない要素がある。

人間は、長い進化を経て、効率良く判例を暗記できるために設計されてはいない。現在の形の人間はアフリカで20万年前に出た[2]。一世代を20年で計算すると、１万代程度の計算となる。この20万年の歴史の間に、人間は最高裁の判例を暗記する必要が特にないまま、生きてきた。

コンピュータは、何十万単位の判例情報を、正確に記憶することができる。人間は、それができない。十単位、多くは百単位で覚えることが限界である。

この点は、変更が効かない。人間の脳にコンピュータの判例データベースを追加することは不可能である。

しかし、学習戦略は、変更が効く。自分で決めることができる。

---

2 Wikipedia, Human, k-lenz.de/m041。

B．法学を勉強する目的

I．短期間で司法試験に上位３％合格

法科大学院の学生は、司法試験を短期間に上位３％合格することを目標とすべきである。単に合格だけで満足すべきでない。現在の法曹市場の状況から必要な目標である。

私が最初に日本に来た時期は、1982年である。ドイツの司法修習生として、大阪の法律事務所を「選択科目」の研修先にしたためである。

当時は、日本の司法試験の合格者が年間数百名の時代である。合格さえすれば、後に弁護士として活躍するときに、事務所の前に自動的に行列ができる市場である。

ところが、現在の合格者数では、「合格しました」だけでは、依頼人が集まらない。数ある他の弁護士より実力がなければ、競争で勝てない。就職先にその「他の弁護士より実力がある」点を示すため、上位合格が客観的な資料になる。

日本の現在の司法試験では、論文を書くことになる。その

ため、「法学の知識」だけではなく、「法学の知識を備えた上に、優れた論文を書く能力を有する」ことが、学習目標となる。

本書は主に、「司法試験を短期間に上位３％合格する」目標を前提に書く。しかし、他の目的で勉強する人が、むしろ多い。

法科大学院まで進む学生よりは、法学部で勉強する学生が多い。法学部に在籍する間に、「法学検定試験」・「行政書士試験」・「司法書士試験」など、短答式のみ、または短答式中心の試験に挑戦する場合もある。

ＩＩ．短答式試験の場合の戦略

短答式試験の場合、論文試験と異なる戦略が必要である。また、短答式についての受験技術の検討も必要となる。

短答式で高得点を確保する技術として、「自信作戦」と「完璧主義」を採用すべきである。

「自信作戦」は、以下のような考えである。法学検定試験の「中級」を前提に説明してみる[3]。総計75問が出る試験である。

問題を見る順番は、以下のようにする。最初は、各問題の3番目の選択肢を見る。１から見ない。また、第一問の3番を見た後に、第2問の3番を見る。第一問の２・４・１は、その必要があれば、後に見ることになる。

なぜ１からではなく３から見るか。経験則、１より３の方が正解となる率が多いからである。出題者として、１に正解を出してしまえば、2以降は読んでもらえないという心理が働くことが原因である。

仮に第一問の3番目の選択肢が正解と分かった場合、「自

[3] Wikipedia, 法学検定k-lenz.de/ls02。

信作戦」は、他の選択肢を見ない考えである。それに対して「敗者作戦」は、出題者が他の選択肢も用意してくれたから、この際、たっぷりと時間をかけて全てを見る作戦である。

「自信作戦」の利点は沢山ある。多くの選択肢を最初から見ないことになるため、効率よく素早く正解を得ることができる。さらに、このように理想的に正解を確定できると、気分が良くなり、勢いと気合が増す。その勢いと気合で、自分の能力を最大限に出す状態でより難しい問題に挑戦すると、難しい問題の正解率も伸びることになる。

短答式の成績も伸びた結果、実際に弁護士になった際、依頼人の質問に対して「正しいとも思うが、他の選択肢も見たい」のような弱気を見せることができない。責任を持って、判断を示さればならない。「他の選択肢を見るまで判断を控える」のような無責任な行動では、依頼人のために戦えない。

但し、この「自信作戦」の不可欠な前提がある。すなわち、比較的簡単な問題の場合、確実に正解が分かることである。基本的な点について、確実に分かることが前提となる。

そのため、「自信作戦」で短答式試験に臨む予定の場合、基本的な知識を回数多く復習して、確実に長期記憶に残す戦略が必要である。

更に、「完璧主義」である。

これは、「検定中級」で75点の完璧な成績を目指す意味ではない。「自分が確実に分かっているか否かの判断」について、一度も外すことがないという意味である。

先に説明した「自信作戦」は、ある問題の選択肢３を見て「これは正解と確信した」時に、他の選択肢を見ない作戦である。自分が確実に正解と思ったのに、実は違う場合、問題の判断も、自分の能力の判断も間違ってしまったことになる。

問題の判断の間違いは、性格の悪い出題者の悪質な罠、不勉強な出題者の基本知識を逸脱する独自な見解に基づく失題、○と×の読み違いなどのミス、自分の勉強不足など、原因が多いが、ほぼ避けられない。完璧に全問正解を出すことは、優秀な人でもできない。

自分の能力に関する間違いは、避けることが比較的簡単である。自分が知っているのか、知らないのか、自分の知識の程度を知ることだけがこの判断の課題である。その判断は、仮に知識が少ない場合でも、できるはずである。

また、この判断能力が弁護士に必要である。自分が分からない場面では、六法・その他の資料を開いて確認する必要がある。分かる場面では、確認が不要である。その両者の区別ができない場合、判断を誤る率が増える。

判断を誤ることは、単に試験の減点で済む話ではない。実際に依頼人に迷惑をかける、損害を発生させる可能性もある。

司法試験に合格して弁護士を登録した者も、知識は完璧でない。しかし、最低限、自分が知らないのに、知っているように誤解はしない能力が必要である。

ＩＩＩ．専門知識で依頼人獲得

司法試験に合格して弁護士登録した者は、法律の全分野について裁判外で相談を提供することが許される。また、訴訟の代理人として活動することも、制限なく許される。

しかし、司法試験の科目は限定されている。法律の一部の分野は選択科目であり、それを選択しない者は、当該科目を勉強しなくても、合格できる。選択科目にもなっていない領域も沢山ある。

また、民法のような基本科目も、例えば相続法は試験に出る割合が少ない上に、相続税法は、選択科目になる。

すなわち、「司法試験合格したから、何でもできる」という評価は、多くの場合に、実際の状況と異なる単なる擬制である。相続法を例に検討してみる。

日本は、高齢化社会が進んでいる。20世紀後半の経済成長により、豊かな国でもある。これらの要因により、相続税の負担軽減・相続人の円満関係維持などを目的とする専門知識を備えた相談を提供できる弁護士の需要が生じる。その需要に応じるためには、司法試験合格に必要である程度の相続法・相続税法に関する知識レベルでは、無理がある。

ドイツでは、「専門弁護士」の資格がある。ある分野の仕事しかしない弁護士が、事務所の看板に「弁護士」の資格と並んで「○○専門弁護士」の資格を出すことができる。一番人気の分野は「労働法」と「親族・相続法」である。連邦弁護士会の一番新しい統計[4]では、労働法専門弁護士は9,713名で、親族・相続法専門弁護士は9,181名であった。3位の「租税法専門弁護士」4,864名の倍に近い実績である。

すなわち、ドイツの市場では、労働法と親族・相続法の需要が一番多いことが理解できる。

依頼人からみて、祖続法についての裁判外相談・訴訟代理が必要となった場合、「親族・相続法専門弁護士」なら安心して任せることができる。司法試験レベル程度の通常弁護士より知識・経験を有することが、明らかである。毎日、この分野しか扱わない弁護士は、当然ながら何でもやる弁護士より詳しくなる。

弁護士本人にとっては、依頼人を集める手段になる。また、専門知識を評価する依頼人は、一時間単価でより高い報酬を払ってくれる計算にもなる。

「専門弁護士」の資格は、弁護士会が認める。実際に、朝

---

4 Bundesrechtsanwaltskammer, Fachanwälte zum 1.1.2014, k-lenz.de/k604。

から晩まで、当該分野の仕事しかしないこと、学会出席・論文発表などにより、継続的に勉強していることを弁護士会に説明・立証しなければならないが、特に試験が実施されることはない。

日本では今のところ、「専門弁護士」資格がない。しかし、司法試験合格者増員により、弁護士間の競争が激しくなった。実際問題として、「相続法」「相続税法」の専門知識と経験を積んで、当該案件を抱えている依頼人を開拓することは、当然ながら戦略として考えられる。

その場合、司法試験を既に合格しているか否かと関係なく、当該分野の勉強に力を入れる必要がある。その際、何かの試験に合格する目標ではなく、単に、知識・経験を得ることが目標となる。

C．法学学習の制度的枠組み

I．ドイツ法・EU法を勉強する意味

私は、「インターネット法」「国際経済法」という科目も担当しているが、「ドイツ法」「EU法」という科目も担当している。

「国際経済法」は選択科目として司法試験に出る場合もあるが、日本の司法試験では、「ドイツ法」・「EU法」は範囲外である。そのため、日本でドイツ法・EU法のような試験に出ない科目を勉強する意味があるのか。意味がある場合、その意味はどこにあるのか。その検討が必要となる。

主に以下の観点がある。

1．日本法の勉強のため

日本法とドイツ法には共通点が多い。大半の問題について、日本法でもドイツ法でも扱いは同様である。

世界どこでも、万引きが窃盗罪として犯罪となる。世界どこでも、著作権が保護されている。世界どこでも、契約の自由が認められている。世界どこでも、免許がないと、自動車の運転が許されない。

ドイツと日本は、民主主義を採用して、人権を包括的に保障する憲法を採用している。そのため、罪刑法定主義という刑法・憲法の大原則は、ドイツでも日本でも妥当している。ある法分野の基本原則が両国共通となる場合は、他にも多い。例えば、民事訴訟法では、ドイツでも日本でも、弁論主義が採用されている。

このような場合には、ドイツ法を勉強することは、日本法の基本原則の復習にもなる。ドイツの関連判例を検討する場

合、同じ原則について別な事実関係が問題となるため、当該基本原則の理解を促進することになる。

例えば、罪刑法定主義について、ドイツでは「壁の狙撃者」判例がある。ドイツが東西に分かれた時代で、壁で勤務した旧東の兵士が統一後、逃亡者を殺害したため殺人罪で起訴され、有罪となった。行為当時では当然の職務遂行であった行為が、統一後には犯罪とされた。罪刑法定主義侵害の典型例と思われるが、ドイツ連邦憲法裁判所は、逆に判断して有罪判断を出した[5]。

日本は戦後、東西に分かれた経験がない。そのため、この問題が日本で出ることが不可能である。その分、罪刑法定主義を考える際に、この問題を題材にするとき、ドイツ法を検討するしかない。

２．思考能力のため

共通点が多いが、当然ながら、ドイツ法の扱いと日本法の扱いが逆である場合もある。

例えば、記者が取材源として公務員の協力を得る場合がある。当該公務員が国家秘密と指定されている情報を提供する場合、秘密漏洩の犯罪が成立する。当該犯罪の捜査を目的に、記者に取材源の特定を要求する場合、ドイツでは、記者に証言拒絶権を認めている。日本の判例は、その拒絶権を認めていない。日本の判例の結論とドイツの判例の結論が逆になる[6]。

そのような場合では、「判例に従う」という受動的な態度

---

[5] Lenz「壁の狙撃者と罪刑法定主義」青山法学論集第39巻第2号（1997）参照。

[6] Lenz「取材源に関する証言拒絶権」、鈴木秀美（編）憲法の規範力とメディア法（2015年）109-134参照。

が不可能である。判例が対立しているので、自分で考えて結論を選ぶしかない。「自分で考える」能力が法律家として極めて重要である。そのため、その点について別当で検討することも予定している。

上記の論文を書いた時に本件問題を研究課題に選んだ動機の一つは、正に、日本の判例とドイツの判例の結論が逆である点にある。結論が明白でない、大いに議論の余地がある場面である。

３．実際の適用のため

ＥＵは世界最大の市場である。その中にドイツが最大の経済力を有する。そのため、世界規模で活躍する日本企業は、当然ながらＥＵ・ドイツの市場に進出しなければならない。

ＥＵ・ドイツで活動する以上、ＥＵ法・ドイツ法の適用を直接に受けることが当然である。ＥＵの独占禁止法の基本的な知識がなければ、「並行輸入妨害」のために100億円単位の過料処分を受ける可能性がある。日本の企業だからといって、ＥＵ独禁法を無視して構わないことにはなっていない。21世紀の国家戦略として「知財立国」を目指している日本[7]では、特にＥＵ・ドイツの知的財産権に関する知識が必要である。

ドイツの場合、従業員をドイツに移動させる場合、年金保険の扱いに関する日本とドイツの国際条約[8]に関する検討が課題となる。

４．立法論・判例変更の議論のため

民法900条により、非嫡出子は法定相続分が嫡出子の半分

[7] 首相官邸、知的財産戦略本部、k-lenz.de/ls03参照。

[8] 日本年金機構、社会保障協定、k-lenz.de/ls04参照。

とされていた。最高裁は2013年に、この差別が憲法14条を侵害すると判断した[9]。その判決は、ドイツの制度を含めて、諸外国のこの問題の扱いを検討して、以下のように結論を述べた（ＰＤＦ5ページ）。

「現在、我が国以外で嫡出子と嫡出でない子の相続分に差異を設けている国は、欧米諸国にはなく、世界的にも限られた状況にある。」

従来の判例では、この問題に関する結論が逆であった。すなわち、本件判例が従来の考えに変更を加えた。その際、ドイツを含む諸外国の制度も配慮した。

ならば、判例を検討する際、ドイツ法を調べる意味もある。特に従来の判例で敗訴する当事者が判例変更を要請する準備書面を作る場合、ドイツで判例が逆になることが、一応、従来の判例に反論する材料になりうる。

さらに、立法者が改正立法を検討する場合、様々の審議会の場で、外国法の扱いを調べることも、通例である。

ＩＩ．非弁活動制限の範囲

法学勉強の重大な目的の一つは、資格試験に合格することである。特に法曹資格を得るために合格が必要である司法試験を目標とする者が多い。

しかし、日本の法学部の学生の大半は、司法試験に挑戦しない。4年間に法学を勉強した後に、法曹資格を前提としない形で就職する。

法学部で4年間、高い学費と総計1万時間の勉強量を投資した学生を想定する。その学生が、仮に理想的でない学習戦略でも、ある程度、法学の知識を得たことになる。高い学費と

---

[9] 最高裁、平成24年（ク）第984号、第985号、2013年9月4日、k-lenz.de/ls05。

長い時間を投資する意味は、知識を得るところにある。

しかし、法学部の終了だけでは、弁護士に登録できない。

弁護士でない者が、どこまで法学部で得た知識を実際に使うことができるのか。その点についての正確な理解が必要となる。

この問題の扱いについて、日本の場合とドイツの場合の規制を簡単に検討してみる。なお、10年前に、その点について原稿を発表したこともある[10]。

1．弁護士法72条

日本では弁護士でない者の法律に関する活動を単に「非弁活動」という。弁護士法72条で一定の範囲内で禁止されている。また、弁護士法７７条に罰則がある（2年以下の懲役または300万円以下の罰金）。

弁護士の活動は裁判上の活動と裁判外の活動に分けることができる。裁判上の活動については、民事訴訟法・刑事訴訟でも非弁活動が排除されている。完全な排除ではない。

民事訴訟法54条1項は、その点について、以下のように定めている：

「法令により裁判上の行為をすることができる代理人のほか、弁護士でなければ訴訟代理人となることができない。ただし、簡易裁判所においては、その許可を得て、弁護士でない者を訴訟代理人とすることができる」。

刑事訴訟法31条は、その点について、以下のように規定している：

「弁護人は、弁護士の中からこれを選任しなければならない。

---

10 Lenz「国際経済法からみた法務サービス規制」法学（東北大学）第69巻第6号（2006）。

２　簡易裁判所又は地方裁判所においては、裁判所の許可を得たときは、弁護士でない者を弁護人に選任することができる。ただし、地方裁判所においては、他に弁護士の中から選任された弁護人がある場合に限る。」

明らかに、一定の場合に弁護士でない者も、民事訴訟・刑事訴訟で当事者の代理人となることが可能である。

裁判所の許可は条件となる。更に、「報酬を得る目的がない」ことが、弁護士法72条から生じる条件となる。

法学部の学生Ａがサークル仲間から依頼を受け、その友達が簡易裁判所で被告とされている交通事故の損害賠償案件で代理人として勤めることができるか。「私は弁護士登録をしていない。断る」としか言えないのか。

日本法の場合、その答えは動機によって異なる。「代理人になってあげてもいいが、300円よこせ」と言えば、違法となる。「この際、実務を勉強してみよう」が動機ならば、「報酬を得る目的」ではなく、「知識を得る」ことが目的となるので、違法でない。また、家族・友達のために既に得た知識を役立たせる動機でも、「報酬を得る目的」は成立しない。社会的弱者のために慈善活動をやりたい動機でも、「報酬を得る目的」は成立しない。

裁判上活動の場合、常に裁判所の許可が必要となる。裁判所も、弁護士法72条違反の場合に許可を与えないはずである。

裁判外の活動は、既に紛争が発生している場合の和解交渉、訴訟開始前の段階で当事者に相談を提供すること、法令遵守のための相談提供、契約書作成の相談提供など、多彩の形態がある。訴訟まで発展した紛争が最初から生じないように、適切な相談を提供する活動である。

この場合、裁判所の許可は必要でない。「報酬を得る目的」が成立しない限り、法学部の学生でも、弁護士と全く同様の裁判外活動ができる。

2．ドイツの規制

ドイツでは、2007年12月12日の法律（施行2008年7月1日から）により、従来の「法律相談法」[11]を廃止して、新たに「法律サービス法」[12]を制定した。2004年7月29日の連邦憲法裁判所判例[13]および2006年2月16日の連邦憲法裁判所の判例[14]を受けて、規制を緩和した。

「法律相談法」は、1935年に制定された。その立法以前には、弁護士活動に特に制限がなかった。誰でも弁護士に依頼しないで自分の法律案件を処理することができると同様に、他人のために報酬を得て法律案件を処理できる状況であった。

1935年当時、「法律相談法」を導入する最大の目的は、ユダヤ人の元弁護士の活動を排除する点にあった。ナチ政権の人種差別政策により、ユダヤ人弁護士の資格が剥奪されたが、裁判外活動は弁護士登録を前提としない限り、従来の活動の内の裁判外活動について、その人種差別政策を徹底できないため、必要とされた。

すなわち、本件立法は人種差別を目的としていた。その目的は正当でない。

また、この法律により弁護士の独占が成立するため、競争

---

[11] Wikipedia, Rechtsberatungsgesetz, k-lenz.de/ls06参照。

[12] Gesetz über außergerichtliche Rechtsdienstleistungen (Rechtsdienstleistungsgesetz – RDG) vom 12. Dezember 2007 (BGBl. I S. 2840), das zuletzt durch Artikel 1 des Gesetzes vom 1. Oktober 2013 (BGBl. I S. 3714) geändert worden ist。

[13] Beschluss der 3. Kammer des ersten Senats vom 29.7.2004, k-lenz.de/ls07。

[14] Beschluss der 1 Kammer des zweiten Senats vom 16.2.2006, k-lenz.de/k624。

を制限する効果も生じる。市場経済では、競争は原則として制限すべきでない。弁護士が実力で非弁に勝てない場合、規制で非力な弁護士に市場を確保する必要がない。

弁護士会が会員の収入を確保したいという不純な動機で独占を要求する限り、当該要求は同時に「実力では勝てないから、非力の我々のため、依頼人の意思を無視して市場を確保して、保護して頂きたい」という情けない主張にもなる。

人種差別・競争制限は、正当な目的でないが、正当な目的もある。

盲腸手術を素人に任せる場合、患者の命も危ないことになる。それはできない。同様に、法律相談を素人に任せては、依頼人に損害が生じるおそれがある。依頼人を保護するために、当該規制が必要である、という目的になる。

更に、ドイツでも日本でも弁護士に守秘義務が課されている。有名人から離婚案件の依頼を受けた次の日に、200万円の代金でそのネタを週刊誌に売る場合には、日本では刑法134条、ドイツでは刑法203条違反が成立する。弁護士でない者が相談を提供する場合、このような規制がない。依頼人を秘密漏洩から保護する手段として、契約が残る。情報漏洩の場合、損害賠償・違約金を用意する契約（秘密保持契約・ＮＤＡ）[15]を締結すれば、弁護士と同様に守秘義務が成立する。但し、法律上に当然に成立する保護ではない。

また、弁護士は弁護士会の監督を受け、倫理違反などがある場合、懲戒処分の対象となる。弁護士会に所属しない非弁は、懲戒処分の対象外である。弁護士会の当該監督が弁護士の倫理違反を阻止するように機能する限り、当該機能を必要と考えた場合、非弁活動の制限が必要となる。

「法律サービス法」を従来の「法律相談法」と比較した場

[15] Wikipedia, 秘密保持契約k-lenz.de/k625参照。

合の最大の規制緩和は、無料相談提供に関するものである。日本の弁護士法72条のように無料活動を全面的に自由化していない。しかし、法曹資格を有する者が無料で活動する分は、合法化した。連邦憲法裁判所の2004年判例[16]および2006年判例[17]の考えを条文化した。

本件は、以下の事実関係について判断した。

憲法異議の原告は、長年裁判官として刑事事件を担当した経歴があった。最終的に高等裁判所の裁判官まで出世したが、裁判官として定年となった。当然、司法試験に合格し、法曹資格を有した。しかし、弁護士登録をしなかった。

弁護士登録をできるが、しないままに慈善活動として容疑者・被告人のために弁護・相談を提供した。本件では、ある被告人のために非弁としての裁判上の弁護を担当する許可を裁判所に申請したところ、裁判所は「法律相談法」違反を理由に、その申請を棄却した。また、当該活動を理由に「法律相談法」違反のための過料処分が言い渡された。

2004年判例は、過料処分についての判断で、2006年判例は、弁護人許可棄却について判断したが、同一事件である。

連邦憲法裁判所は、当該無料活動は違法でないと判断した。本件のように、憲法異議の原告に法曹資格・長年の経験がある場合、依頼人に損害が生じるおそれがないため、非弁をそこまで排除する必要がない、との考えに基づいての判断である。

法律サービス法2条は、「法律サービス」を定義している。積極的な定義と例外の列挙がある。

---

[16] Beschluss der 3. Kammer des ersten Senats vom 29.7.2004, k-lenz.de/ls07。

[17] Beschluss der 1 Kammer des zweiten Senats vom 16.2.2006, k-lenz.de/k624。

積極的な定義は、「個別事例に法律上の検討が必要」を要件とする。そのため、単に条文を見て適用する通常事例に関する説明は、「法律サービス」に該当しない。

例えば、被相続人が遺言で全財産を慈悲団体に残した。子供はＡとＢの二人がいる。この場合、Ａの遺留分がいくらか。

このことを確認するために、条文を見て当て嵌めをすればいい。特に「検討」が必要とは言えない。２５％が正解となることは、素人でも簡単に分かる（民法1028条）。

例えば、「現在のソーラー発電の買取り単価は、何円か」の問題は、経済産業省の省令で決まる。2015年7月からは、10kW以上の非住宅太陽光単価が27円と定められている[18]。省令で定めているから、その質問に答える権限を弁護士に限定すべきか。当然、その必要がない。

上記の二つの例は、通常事例である。規制の内容について疑問の余地がない。その場合、素人でも簡単に正解が分かるので、弁護士による「検討」が不要となる。

2条は、更に以下の例外を列挙している。この列挙に入る場合、「法律サービス」に該当しない。当該活動は非弁でも自由にできる。

1号は「学術鑑定書」について例外を認めている。

この例外は、学者による相談提供を念頭に置いている。ドイツで法学部を有する大学のほとんどが、州立大学である。教員は公務員となる。公務員は職業専念義務を負うため、弁護士登録ができない。しかし、ドイツの法学部の教員は担当分野の最高級の専門家である。科目によって、依頼人が1000万円単位で報酬を払って、鑑定書を要請する場合が多い。

この場合、明らかに依頼人を知識のない相談提供から保護

[18] 経済産業省、「再生可能エネルギーの平成27年の買取価格・賦課金を決定しました」、2015年3月19日、k-lenz.de/ls08参照。

する必要がない。市場の評価に任せた結果、通常の弁護士と比べて何十倍・何百倍の報酬を支払う依頼人の判断を信頼すると、「学者は弁護士より詳しい、その鑑定書が有意義だから高い報酬を支払う」ことになる。その依頼人の評価・意思を無視する理由はない。「依頼人保護」は特に理由にならない。

日本の弁護士法72条はこのように「学者の鑑定書」についての例外を置いていない。逆に、72条の文言は「鑑定を取り扱う」ことを明白に禁止している。周りの学者の行動から推測すると、実際問題として（ドイツより低い）報酬を受けて鑑定書を書く者もいる。ドイツと異なり、その鑑定書を担当するために明白な例外が整備されていない。

2号と4号は、調停に必要な「法律サービス」を認めている。3号によると、組合が組合員のために労働法について相談を提供できる。5号は、「行列ができる法律相談所」[19]のような法律問題を題材とするテレビ番組、その他のメディアでの扱いを可能としている。6号は、親会社の法務部が子会社の抱える法律問題について法律サービスを提供することを認めている。

ある活動が仮に「法律サービス」に該当する場合、第5条は更に、当該「法律サービス」が他の職業と関連して提供される場合、それを合法化している。2項は特に「遺言執行」、「不動産管理」、「援助金申請相談」の職業に伴う関係者への法律サービス提供を認めている。

ソーラー発電の計画を検討している業者を相手に、再生可能エネルギー法に基づいて国による促進政策の相談を提供することは、弁護士でない者も、自由にできることになる。依頼人に代わって、アパートの賃貸に伴う業務を担当する場合、

[19] Wikipedia, 行列ができる法律相談所、k-lenz.de/ls09。

賃借法・区分所有権法の関連問題について相談を提供することができる。

また、建築士は当然ながら建築関連法令を遵守して、依頼人に対して遵守についての相談を提供する必要もある。場合によって、行政庁と建築法について議論する必要も生じる。しかし、建築士の活動の重点は法律サービス提供ではない[20]。そのため、建築士の活動に関連して法律サービスの提供が必要となっても、法律サービス法5条の例外が成立する。

無料活動について、6条が以前の規制を連邦憲法裁判所の上記判例の趣旨に従って緩和している。以下の文言である（私の翻訳）。

「1項　有償活動と関連のない法律サービスは、許される（無償法律サービス）。

2項　家族・隣人・その他密接な個人関係を有する者同士以外で提供する者は、以下の点を確保しなければならない。法律サービスの有償提供の許可を有する者、裁判官資格を有する者（法曹）、またはそれらの者の監督下で行われる点である。監督は、提供する予定の法律サービスの範囲と内容を念頭に置いた初期説明および継続教育を必要とする。更に、必要に応じて、監督者が自ら法律サービス提供に参加しなければならない。」

すなわち、何ら個別関係がない他人のために法律サービスを提供する場合、日本の弁護士法72条と異なり、無償でも完全に自由でない。法律サービスの最低水準を確保する一定の条件（法曹資格、監督）がある。

その点、日本法の規制が緩い。無償活動は、無条件で自由である。

---

[20] Otting, Fünf Jahre Rechtsdienstleistungsgesetz, SVR 2013, 241, 242参照。

盲腸手術は、医者の資格がない者はできない。仮に無償の場合でも、患者の命を保護する。医師法17条は単に、「医師でなければ、医業をなしてはならない」と規定している。弁護士法72条と異なり「報酬を得る目的」の要件がない。

医師法の場合、患者の生命・健康を保護する目的で藪医者を排除する必要がある。その必要は、報酬と関係なくある。弁護士の場合、なぜ異なるか。

法律相談の内容が間違っても、依頼人が死ぬ可能性がない。また、不適切な相談の結果、依頼人に損害が発生した場合、後に損害賠償で救済することが可能となる案件も多い。

なお、司法書士法73条も、医師法17条と同様に、弁護士法72条と異なり、「報酬を得る目的」を必要としていない。行政書士法19条も、司法省私法73条と同様に、弁護士法72条と異なり、「報酬を得る目的」を要件としない。同じ法律分野であるが、一方のみ無償活動を自由化している。一貫性がないようにみえる。

「依頼人のため」に独占を無償の場合まで維持する必要があるのか。非弁の無償活動を可能とする分、依頼人の選択肢が増える。無償であることを前提にしているから、依頼人も高い報酬を払っていると同様な水準の相談を期待していない。期待していない分、期待が裏切られる場面が少ない。

そのため、この点について、弁護士法72条のように、無償活動を全面的に自由化すべきである。特に建前として「依頼人保護のため」と言いながら、本音は実力のない弁護士を競争から保護する不純な動機に基づく立場は否定すべきである。自力で無償相談提供にも勝てない弁護士は、保護に値しない。

ＩＩＩ．法曹育成制度

法学学習の重大な目標の一つは、短期間に司法試験の上位

３％合格である。ならば、司法試験ではどの能力を要求されているか、どの方法で実施されているのか、ドイツ[21]と日本の相違点を検討しながら説明する意味がある。

１．高齢教育の法科大学院

日本では現在「法科大学院」制度中心に法曹教育を行っている。その制度では、学部卒業後（22歳以上）に、初めて本格的に法律を勉強することになる。人生の中で相当遅い出発だと思われる。

囲碁の棋士は、15歳まで10年間、一日平均10時間囲碁の勉強をしなければならない。22歳になってから初めての定石を覚える人は、強くならない。逆に2014年の囲碁ＮＨＫ杯の決勝戦は、17歳対20歳の顔合わせになり、将来の弁護士が「法科大学院」に入学する年齢では、囲碁の棋士が既に囲碁界の最高峰まで達している場合がある。

その世界と比較すると、18歳からでも相当遅い方だと思う。22歳からの本格的な勉強では、なお遅い。

ドイツで法学部に入学した以上、司法試験を受験することになる。司法試験に合格しない限り、法学部での勉強に独自の意味がない。

私の学生時代では、法学部の独自の卒業資格もなかった。司法試験の合格が法学部卒業を兼ねる考えであった。学士という独自の資格がなかった。

今は、大学によって、学士（法学）の学位を認めるところもある。司法試験前提の入学と比較して、能力で劣る学生も入学させる[22]。この過程に入学する場合、司法試験を前提と

---

[21] 藤田尚子「ドイツの法曹養成制度」法曹養成対策室報５（2011）、8、k-lenz.de/ls16参照。

[22] NC-Online, Numerus Clausus für Jura, k-lenz.de/ls10。

しないことになる。しかし、従来どおり、大半の学生は法学部に入学した日から司法試験上位合格を目標とする。

そのため、最初から司法試験を意識して、勉強の量・質が日本の法学部の平均的な学生と異なってくる。

また、ドイツでは法学部毎の入学試験が部分的しかない。高校卒業時の成績、職業経験などを基準に書類審査を行う大学、入学希望者全員の入学を認める大学、独自の入学試験を実施する大学がある[23]。

ドイツは、日本より進学率が大幅に低い。私の学生時代では10%未満であった[24]。最近のＯＥＣＤの報告[25]によると、25歳から34歳の人口の大学卒率が、2000年の22%から2013年の28%まで上昇した。日本では2000年の数字が48%であったが、2013年の59%まで増加した。日本の進学率がドイツの倍になる数字である。

ドイツの進学率が低い要因は、伝統的に入学資格（Abitur）[26]を得るために、10歳の若い年齢から「大学進学高校」（Gymnasium）[27]に入学し、18歳の卒業までに必要な単位を獲得する必要があるからである。すなわち、大学進学は、原則として10歳の年齢で既に決定される制度である。2006年の数字では、大学入学資格を獲得した率は、30%を切った[28]。

従って、ドイツの全ての法学部の学生は、10歳から大学入

---

23 NC-Online, Numerus Clausus für Jura, k-lenz.de/ls10。

24 Wikipedia, Akademikerquote, k-lenz.de/ls11。

25 SPIEGEL, Internationaler Vergleich: OECD rügt Deutschland für geringe Akademiker-Rate, k-lenz.de/ls12。

26 Wikipedia, Abitur, k-lenz.de/ls13。

27 Wikipedia, Gymnasium, k-lenz.de/ls14。

28 Wikipedia, Abiturientenquote und Studienanfängerquote, k-lenz.de/ls15。

学前提で勉強したことになり、上位30%の学力を有する者に限定されている。

「大学進学高校」での教育の一部は、直接に法学部の勉強に役立つ。特に言語系の科目（国語・外国語）である。しかし、特に法学部に進学する前提で勉強しているわけでも、法学部での勉強に向けて特化されているわけではない。そのため、ドイツでも18歳になってから、初めて六法を開くことになる。

その年齢では、上記の囲碁の世界と比べて、遅い。しかし、日本・アメリカの法科大学院と比べて、早い段階である。

２．法学部での勉強と期末試験の合格率

ドイツの法学部に入学する者は、司法試験の合格を前提に勉強している。法学部で必要な単位を集めることは、司法試験の受験条件に過ぎない。終了に必要な単位を集めることに独自の意味があまりない。

その限り、ドイツの法学部での勉強は、日本の法科大学院での勉強に相当することになる。日本では法科大学院を終了することにより、司法試験の受験資格を得ることになる。

逆に日本の法学部では、期末試験に合格して必要な単位を集めると、学位として「学士」を受けることになる。成績不良で留年する学生も出るが、最終的に終了できない者が非常に少ない制度である。

すなわち、日本の法学部は、入学が困難で終了が簡単である。逆にドイツの法学部には入学試験がない分、入学が簡単だが、終了が司法試験合格を前提とするので、難しいことになる。

日本の法学部での期末試験の合格率は、全科目で統一ではない。全員にＡＡの成績を認めることを原則として排除する

採点基準も、大学によってある。しかし、その採点基準を遵守している枠内で、ある程度、教員個人の判断に委ねられている。その際、不合格者が少ない方が良いのか、それとも不合格者が多い方が良いのか。

不合格者が多い場合、留年者が増えることになる。留年者が増えることにより、大学の学費収入が増加するが、平均的な能力が少し下がることになる。優秀な学生は当然、不合格と縁がなく、４年で終了するが、やる気と才能に問題を抱えている下位３０％の留年候補組から、留年者が増えることにより、学生全体に学力下位の者の割合が増えることになる。

学生の平均水準を下げることは避けるべきだが、「試験を厳しくしないと、学生が授業をサボる」から、甘い採点を避ける必要があるか。

その考えは、ドイツの感覚では逆に甘い。

学生は、高い学費を払って、優秀な教員の有意義な授業を聴く権利を有する債権者である。授業に出ない自由が認められる反面、そのことが分からない学生は、学習の機会を失うことになる。その責任は学生にある。大学では自由が認められているが、その自由に責任が伴う。

「もう少し厳しい採点さえして頂ければ、私も授業に出る」と考える学生は、自分のサボりの責任を教員に転嫁している。法科大学院・高校・中学校のように、法学部授業についても全員の出席を義務化し、出席回数が足りない学生の期末試験受験資格を認めない制度設計もありうる。自由と本人の責任を前提とする大学での勉強の発想から遠くなる。

しかし、出席義務がない限り、出席についての判断は、学生本人の自由と責任となるはずである。教員の責任ではない、と考えている。

3．司法試験合格自体は、当然

30年前に日本の司法試験の合格枠が年間数百名に限定された。囲碁の棋士（年間数名）と比較してなお緩いが、現在の枠よりは厳格である。

そのため、当時の合格者は今の上位合格者と同様に優秀との計算になる。合格それ自体を評価できる状況である。

ドイツは従来から、一部の極めて優秀な者に限って合格させる制度ではなく、法曹になるために必要な知識・能力を有するか否かを合格基準とした。その環境では、合格それ自体は当然である。労働市場で評価されるためには、上位合格、資格以外の要素（外国語能力・留学経験・博士号・法律以外の分野に関する得意など）が要求される。

日本でも、合格者の増加に比例して法曹労働市場の拡大がなかったため、従来のドイツと同様の感覚が必要となった。「司法試験の合格は当然」「合格の上に、この魅力がある」などの姿勢、勉強中の戦略が必要と思われる。

4．受験回数の制限

ドイツでは、試験で2回目に不合格となった時点、更なる受験の資格がなくなる。法曹と異なる職を選ぶことになる。

日本では、永遠の受験が可能である。法科大学院制度を導入したときに「3回」の回数制限が一応できたが、これも最終的でない。新たに別な法科大学院を終了さえすれば、更に3回までの受験が認められる。さらに、予備試験に合格さえすれば、新たに3回までの受験が認められる。その上、この制限も更に緩和され、5回までの受験が可能となった。

その限り、日本の制度は甘い。法律家に向いていない受験生が、人生の多くの時間を無駄に費やす弊害が生じうる。

５．屋上の屋

日本の大学では、「法学部」と「法科大学院」を別な組織として置く。ドイツの場合、法律関係の大学院レベル教育を行っているが、学部と大学院の教育を担う組織は、法学部のみである。

アメリカでも、Harvard大学に"Low Law School"と"High Law School"の二種類を置く発想がない。

同じ大学で実質的に法学部を二つ置くことは、無駄が多い。法科大学院制度を導入した際の最大の問題点である。

６．司法試験の難易度

試験の難易度を測る場合、二つの基準がある。絶対基準と相対基準である。

相対基準の難易度は、単に合格率である。30年前の司法試験の合格率は数パーセントのみで、その基準では「難しい」試験となる。2014年の司法試験の合格率は22.6%であった[29]。同じ2014年の司法書士試験の合格率は、3.8%であった[30]。

従って、相対基準では、司法書士試験の難易度が司法試験より7倍も上となる。但し、その際、競争相手の実力も配慮する必要がある。受験生全員が囲碁棋士に合格した者と同様に、10年間1日平均10時間、最高の効率を確保する戦略で勉強した競争相手の場合が一方ありうる。他方、法律に向いていない上に、勉強量も月平均10時間、不適切な学習戦力で準備した競争相手なら、難易度が下がることになる。

絶対基準の難易度は、単に、満点を取るためにどの程度の

---

[29] 日経、「司法試験合格2000人割れ　14年、合格率は22.6%」2014年9月9日、k-lenz.de/ls17。

[30] Resemom、「平成26年度司法書士試験に759人が合格、合格率は３．８％」、2014年11月4日、k-lenz.de/ls18。

知識・能力が必要とされるかによる。例えば、短答式試験で「民法」の読み方として「たみほう」「たみのり」「みんのり」「みんぽう」が選択肢として出題された場合、当然、全員正解となる（正解は「みんぽう」）。

逆に「警察予備隊事件」[31]を担当した大法廷を構成した裁判官の名前で、漢字「一」「二」「三」が何回使用されているか、との問題で、選択肢が「1回」「2回」「3回」「4回」とされた場合、法律家に不必要な知識で失題だが、知る人が少ないので、難しい問題になる（正解は「3回」）。

その絶対基準では、従来の日本の司法試験における論文試験は、ドイツの司法試験の論文試験より難易度が低いと思う。2時間しかないところ、問題が２つ出題されたので、問題当たりの時間が1時間しかない。ドイツの論文試験では、1問5時間となる。そのため、ドイツの問題が旧試験の論文問題より、複雑になるのも当然である[32]。

新司法試験では、論文に1問2時間を使うようになった（選択科目だけは3時間）[33]。従って、旧試験と比べて2倍の時間になる分、より複雑な問題になるはずで、絶対的な難易度が増加する計算となる。

受験生から見ては、絶対難易度よりは、相対難易度が重要である。受験生が戦う相手は、出題者ではない。周りの受験生が相手である。完璧な答案を作成する必要がない。競争相手より優れた答案を作成すれば良い。

そのため、競争相手より効率の良い学習戦略を採用する必

---

31 Wikipedia, 警察予備隊憲法訴訟、k-lenz.de/ls19。

32 Lenz, Das Ungewöhnlichste im Recht, 1992, 210, „Die besten Noten im Staatsexamen"も参照。

33 法務省、平成27年司法試験の実施日程等について、www.moj.go.jp/content/000125740.pdf。

要がある。

7．法治国家と司法試験

行政手続法1条1項は、以下の文言である。

「この法律は、処分、行政指導及び届出に関する手続並びに命令等を定める手続に関し、共通する事項を定めることによって、行政運営における公正の確保と透明性（行政上の意思決定について、その内容及び過程が国民にとって明らかであることをいう。第四六条において同じ。）の向上を図り、もって国民の権利利益の保護に資することを目的とする。」

「公正」と「透明性」が目的として指定されている。

同法の3条11号は、以下のように規定している。

「次に掲げる処分及び行政指導については、次章から第四章までの規定は、適用しない。

１１　専ら人の学識技能に関する試験又は検定の結果についての処分」

司法試験はその11号に該当するので、日本の立法者は明白に、司法試験に「公正」も「透明性」も必要がない、と判断したことになる。

ドイツの場合、このような判断は憲法上、許されない。連邦憲法裁判所の関連判例を簡単に紹介してみる。

連邦憲法裁判所第一法廷の1991年判例[34]は、試験採点に対する裁判審査について、従来と比べて厳しい審査を要求した。

この事件の原告らは、司法試験の再評価を要請していた。憲法異議の原告は二人いた。一人は、司法試験で2回目の不合格の評価を受けた。ドイツの「厳しい回数制限により、二度と受験できないことになった。もう一人は、2回試験で合

[34] Beschluss des Ersten Senats vom 17. April 1991, 1 BvR 419/81 und 213/83, k-lenz.de/ls21。

格成績を獲得したが、より良い評価を要請した。

行政裁判所段階で敗訴した二人は、職業の自由（ドイツ憲法12条）の侵害を主張して、連邦憲法裁判所に救済を求めた。

連邦憲法裁判所は、職業の自由から試験に関する法治国家的手続きが必要である、との判断を示した。採点者には採点の判断余地が認められる反面、受験生にも回答の判断余地を認める必要がある。そのため、受験生に採点の理由を伝え、受験生がその判断に異論を述べる機会を与えることが必要である。

私も司法試験を受けたときに、後に州の試験庁に足を運んで、自分の答案についての採点者の評価の理由を読んだ記憶がある。特にその評価に不満や疑問はなかったが、気合を入れて作成した答案の評価を詳しく知ることができた。

試験結果に不満がある場合、当該個別論文に関する評価を見る機会は、次に採点者から指摘される問題点を改善することにつながる。

その反面、採点者の負担が増加する。採点理由を答案毎に文書として示す必要があるので、採点者一人が対応できる答案数は、200枚程度が限度となる。ドイツでは各州で司法試験を独自に実施する関係で、採点者を日本より多く確保することが可能であるが、理由を示すことが憲法上要求されているため、その必要もあると思われる。

また、受験生が試験庁に対して反論したにも関わらず、本件のように採点が動かない場合、受験生に他の行政行為と同様に、行政裁判所への訴えの道を開く必要がある。でなければ、職業の自由が必要とする法治国家的手続きが保障されないことになる。

但し、仮に採点に問題があると裁判所が判断しても、裁判所が代わりに採点を行うことは許されない。そのことを認めてしまうと、受験生の間の平等の原則が侵害される。一部だけの受験生について別な採点手続きで判断されることになるからである。

採点に問題がある、と行政裁判所が判断した場合、当該答案についての採点を破棄して、別な採点者による再度の採点を命令することになる。

本件判例はさらに、採点の判断基準についても言及している。法学ではよくある現象であるが、A説とB説が対立する場合、受験生がどの説を支持しているかという点は、採点基準とすることができない。議論の余地がある論点が問題となる限り、結論を採点基準にすることができない。当該結論の理由の説得力、迫力、熱意、思考力、すなわち法律家として必要な能力が採点基準となる。

同じく1991年の連邦憲法裁判所第1法廷の別な判例[35]は、短答式試験に関する憲法上の要求についての判断を示した。ドイツでは司法試験で短答式試験を使用しないが、日本では、司法試験・司法書士試験・行政書士試験で短答式の形式が採用されているので、検討に値する。

この事件では、医師養成で使用される短答式試験が問題となった。ドイツでは、1970年以降に医師試験に短答式を導入した。本件憲法異議の原告は、短答式で不合格となった。行政訴訟で敗訴した後に、職業の自由（ドイツ憲法12条）侵害を主張して、連邦憲法裁判所に救済を求めた。本件判例は、憲法異議を認めて、高等行政裁判所の判決を破棄して差し戻した。

その際、以下の判断基準を示した。

短答式試験は、経験上、失題が必ず発生する。問題の文言

---

35 Beschluss des Ersten Senats vom 17. April 1991, 1 BvR 1529/84 und 138/87, k-lenz.de/ls22。

が一義的でない場合、問題が医師に必要でない知識を聞く場合、問題が正解とする以外の選択肢も客観的にみて正しい場合、様々な形態がある。

この失題について、短答式の結果発表以前に分かるようになる。受験生の大半が「不正解」である問題が怪しい。コンピュータ処理するので、試験庁は、極端に不正解が多い問題を再検討して、排除することが憲法上必要である。

また、確かに出題者側にある程度の範囲の判断裁量を認める必要がある。しかし、受験生側にも同様に、判断裁量を認める必要がある。疑問・問題点について一方的に受験生が不利となるような判断は、職業の自由の必要な制限の程度を超える。

学問的に議論の余地がある問題については、単に受験生の答えが出題者の意見と異なるという理由で不正解と判断してはならない。

この点は、特に法学の場合に重要である。例えば「判例に照らして、憲法訴訟は具体的事件を前提とする」と「憲法訴訟は、具体的事件を前提とする」の記述を比較して、その点を説明する。

前者は、（日本で）明白に正しいことになる。異論の余地がない。警察予備隊事件以来[36]、最高裁判所の判例の趣旨である。しかし、その判例の判断には反対すべきである。これでは生命の保護（憲法13条）が不可能となる。「具体的な侵害行為により、生命が侵害されてから憲法訴訟を提起してください」と言われても、生命侵害が成立した後に、訴訟を提起する元気がない。

私は、この判例の判断に反対である。最高裁の最悪判例の一つと評価している。そのため、「憲法訴訟は、具体的事件

---

[36] Wikipedia, 警察予備隊憲法訴訟、k-lenz.de/ls19。

を前提とする」説明が、判例と異なり、「間違い」と判断する。

本件ドイツ連邦憲法裁判所の判断基準では、この答えを不正解とすることができない。

D．効率よく知識を得る方法

I．条文番付

1982年に、最初に日本に来たときに、日本の六法をみて「羨ましい」と思った。ドイツの六法は、重い。民法が収録されている六法[37]は、ルーズリーフ方式で何千頁になる。しかも、これでは刑事系・民事系のみの六法となるので、公法系課目のために、また別な六法[38]が必要となる。総計9000頁以上となるが、更に州の行政法を集めたもの[39]も必要となる。これらの六法を運ぶために体力が必要となるため、ドイツの法学部の学生は皆、腕の筋肉が強くなる。

日本では1冊で済む。その重要な理由の一つは、漢字の情報圧縮機能にある。「法学」はドイツ語で「Rechtswissenschaft」という。18文字の言葉であるが、半角でも、漢字9文字分の場所を必要とする。「法学」の4倍以上の計算となる。すなわち、漢字を使用することにより、同じ文書を収めるに文字数を減らすことが可能となる。

ドイツでも1冊で済むか。そのために条文番付を使うことができる。

条文番付は、重要性を基準に条文を並べる発想である。そのために、「重要性」の客観基準が必要となる。私がよく使

---

37 Schönfelder, Deutsche Gesetze, 159. Aufl. 2015, 4506頁、k-lenz.de/ls23。

38 Sartorius, Verfassungs- und Verwaltungsgesetze, 109. Aufl. 2015, 4378頁、k-lenz.de/ls24。

39 Ziegler/Tremel, Gesetze des Freistaates Bayern, 114. Aufl. 2014, 3370頁、k-lenz.de/ls25。

う基準は「判例の数」である。当該条文について判例データベースに収録されている数が多い方の条文が上になる。判例六法に収録された判例の数でも構わない。

民法222条には「堰」（せき）に関する規定がある。709条（不法行為）より前にあるが、不法行為に関する709条は民法で222条より圧倒的に判例が多い。民法で一番多いだけではなく、全ての法律の全ての条文より多い。

条文番付は、この点を意識して、堰の法律問題に関する勉強を後回しにして、不法行為の勉強を一番優先的な課題にする、という考え方である。

このように、最も重要な条文から番付を作ることにより、ドイツでも六法を1冊に収めることが可能となる。20年前に、電子媒体でそのような六法を実際に編集した経験もある[40]。

ドイツの上記3冊の六法は、総計１万頁を超えることになる。その六法を小説のように第一頁から最後の頁まで一度だけ読む人は皆無と思われる。六法は、必要な時に必要な部分だけ読む使い方が普通である。

しかし、その莫大な情報量のなかのどの条文に関する知識が必要なのか。どこから勉強すれば良いのか。その客観的な基準が条文番付である。

後ほど、憲法・民法・刑法・会社法・民事訴訟法・刑事訴訟法について、「判例六法」に収録されている判例数を基準にする番付を掲載する。実際に使ってみて、その発想が分かるようになる。

なお、この発想の背景には、暗号理論に関する関心がある。暗号解読のため、頻度分析が重要な手段である。[41]アルファベットの場合、漢字より文字数が大幅に少ないので、頻度分

40 Lenz/Pampel, TopTexT Meistzitierte Paragraphen, Beck 1995.
41 Wikipedia、頻度分析、k-lenz.de/ls26。

析の威力が上がる。文字の頻度に関心を有すると、条文の使用頻度にも関心が及ぶことも、自然である。

ＩＩ．通常事例方法

通常事例方法は、Haftの提案[42]である。

通常事例と問題事例を区別する。通常事例は、結論について議論の余地がない事例である。

ＹがＸの頭を殴って、Ｘが怪我した。この事例でＸがＹに対して不法行為に基づいて損害賠償を請求できるか。

法曹１００人に聞いた場合、百人の答えが一致する（請求できる）。１０００人の素人に聞いた場合、１０００人の答えが一致する（請求できる）。

その事例を使用して、不法行為の要件を覚える。侵害行為、違法性、故意・過失、損害、因果関係という要件を、具体的事例で検討する。

通常事例の反対概念は「問題事例」である。

例えば、「行列ができる法律相談所」[43]というテレビ番組で「日本最強の弁護士軍団」と称する４名の弁護士が法律問題について意見を述べることになる。毎回、その意見が一致しない。「日本最強」なのに、一部の回答が不正解になるのか。

もし、「日本で万引きが窃盗罪になりますか」が話題であれば、不一致がありえない。当然、全員の答えが一致する（犯罪である）。

答えについて議論の余地がある話題が出るから、異なる意見が主張される。それが「問題事例」の定義である。この議論の余地がある時に初めて、法律家の議論能力が必要となる。

---

[42] Haft, Einführung in das juristische Lernen, 7. Aufl. 2015。

[43] Wikipedia, 行列ができる法律相談所、k-lenz.de/ls09。

法学部の勉強では、最高裁の判例が中心的な課題となる。通常事例なら、最高裁判所まで闘う意味が少ない。明白に原告が敗訴する案件では、原告が最初から訴えを提起しない。明白に被告の敗訴となる事件では、被告は和解に応じて、費用が伴う無駄な抵抗を止めるので、最高裁まで闘うことがない。議論の余地がない通常事例なら、最高裁まで闘う時間・費用の無駄が生じにくい。

しかし、裁判実務の大半が下級審の判決である。さらに紛争の大半は、裁判になる前に解決される。その際、条文を通常に理解し、通常に適用することが、必要である。

すなわち、法学の教科書・判例集では問題事例が多いが、実務では逆に通常事例が多い。

そのことを理由に「通常事例方法」は、法律を勉強する際に、先に通常事例を理解すべきである、と主張している。

但し、問題事例を無視すべきである、との主張ではない。通常事例で法律の趣旨を把握した上に、問題事例・判例も検討する必要がある。

問題事例を理解するためにも、または問題事例に関する説得力のある議論を展開するためにも、通常事例の理解が前提となる。通常事例の解決のために勉強するよりは、問題事例について法律家として説得力のある議論を展開する能力を習得することが目的である。

ＩＩＩ．記憶術

後に「番号士」という存在しない資格を想定する。番号士になるため、「番号学部」で電話帳を暗記することになる。法学の勉強が面白い、との主張のための想定である。

しかし、実際に本気で乱数を暗記する人もいる。

記憶力を競う競技の一つである。他に、トランプの順番を暗記する競技、顔と名前を合わせて暗記する競技、創造された歴史上のできことと年度を暗記する競技、ランダムで選ばれた言葉のリストの暗記などがある。1991人以降、年一度、記憶術世界選手権が開かれる[44]。

円周率を暗記する者もいる。原口證（あきら）は、円周率を１０万桁まで暗記した記録を持っている[45]。この記録を達成するために、何らかの形で記憶力を改善する必要がある。

記憶力を改善できれば、円周率より有意義と思われる法学関連の情報も、効率よく学習できることになる。そのため、記憶競技で優勝できる選手の技術をみて、法学学習に応用できるかについて、検討する必要がある。

１．記憶の利点

後で説明するように、記憶術の歴史は古い。特に人間の優れた土地勘を学習のために戦略的に利用する「場所方法」は、書籍の一般普及より古い。古代では、常識であった。

現代の人間は、書籍も自由に利用できるが、情報処理技術により、電子媒体で情報を保存して、簡単に呼び出すことができる。書籍がない古代の世界、インターネットがない20世紀前半の世界と比べて、その分、記憶が不要となった。

この現代の世界で、記憶はなぜ必要か。日本の司法試験の短答式試験で、なぜ六法を使えないようにして、条文の暗記を必要としているのか。

司法試験の合格者が増えた結果、弁護士数が増えた。その結果、弁護士の平均収入が激減して、弁護士が六法を購入する予算を確保できないためであるのか。

記憶に情報を残す学習には時間が必要である。理想的な学

---

44 Wikipedia, World Memory Championships, k-lenz.de/ls37。

45 Wikipedia, 原口證、k-lenz.de/ls38。

習戦略を駆使して最高に効率よく勉強しても、多くの時間を必要とする。

しかし、知識が増えることには、以下の利点がある。

第一、記憶した情報は、いつでも瞬間的に使用できる。六法を開いて、必要な条文を探して、その条文を読むためには、ある程度の時間が必要となる。すなわち、暗記で記憶に入力するにはコンピュータに情報を入力する場合と比較して時間が必要だが、出力の際には、早くなる。

法律家として知識が当然に期待されている事項について知らない場合、自分だけがその余計な時間をかけることになる。不勉強が周りに伝わる上に、関係者全員の時間を無駄にすることになる。

第二、書籍など文字に残した情報、コンピュータのデータとして残した情報の場合、他人も利用が可能である。それに対し、自分の頭の中の長期記憶は（2015年現在の技術では）他人の読み取りが不可能である。パスワードを記憶する場合など、その利点が重要となる場面もある。

第三、法学に関する基礎知識を有すると、思考力も増加する。議論を展開する場合、ある結論が他の事項に関する常識的な考えと矛盾するか否か、法学の基礎知識がない限り、判断ができない。

第四、基礎知識がなければ、外部の情報源（六法、判例データベース）を使用することもできない。どこで何を探すのか、基礎知識がない者は、理解できない。相続法の遺留分が問題となる案件では、日本で民法1028条から1044まで探すことになるが、その事も知らない人は、民法の目次から探すことになる。「遺留分」の意味を知らない者は、時間を掛けて目次経由で探しても、探すこと自体が無理である。

すなわち、外部記憶装置（書籍・情報処理措置）を使うためにも、最低限の基礎知識が必要である。

２．場所方法

先に「場所方法」の発想を説明する。その後、法学学習戦略に応用する。

ａ）発想

「場所方法」は英語の「method of loci」[46]の 訳語として選んだ。その英語のなかの「loci」は、ラテン語で「場所」の意味である。英語でもラテン語を使う原因は、当該方法が古代から知られている点にある。キケロは「De oratore」（弁士について、紀元前55年）で既に説明している[47]。

この本の第２章の「LXXXVL」（８６）のところで、Simonidesが「記憶術の創設者」として紹介され、ここで話題となる「場所方法」が説明されている。

Simonidesは、詩人として金持ちの依頼人Scopasのために、宴会で詩を公表した。Scopasを絶賛する目的の詩に、当時の詩人の習いに従って、神も絶賛した。そのため、依頼人が約束された報酬の半分しか払わないで、「残りは、私と同様に褒めた神様に請求しろ」と、悪質な皮肉を言った。早速、天罰が下り、関係のない多くの人々もその被害を受けた。

Simonidesは偶々、宴会場所から呼び出された。戻ってみると、その会場となった建物が崩壊して、宴会に出席した全員が瓦礫の下で死亡した。詩人の報酬は、ケチってはならない、という教訓になる。この教訓が作り話の創作を仕事とする詩人に都合が良いので、この一連の流れが作り話である疑いもある。しかし、キケロは、この話の信憑性について特に

46 Wikipedia, Method of loci, k-lenz.de/ls39。

47 Wikipedia, De oratore, k-lenz.de/ls40。

触れていない。

遺体は、瓦礫の圧力で、顔が潰された状態となり、どの遺体がどの被害者か、簡単に判明できなかった。そこで、被害者の遺族がSimonedesに協力を求めた。誰が、どこに座ったのか、との情報を聞いた。直前に宴会で詩を発表したSimonidesは、この順番を覚えていたので、各々の遺体が正しい遺族の元に戻ることが可能となった。

この出来事で、Simonidesが「場所方法」を発見したと言われている。情報を覚えるために、順番が重要である。Ａさんの隣にＢさんが座っていた。宴会の客の座っている順番と同様に、長期記憶に残す情報は、順番を付ける必要がある。また、物理的な場所を想定して、そこにこの情報が置かれていることを想定する。

更に、以前はキケロの著作であると考えられていた「Ad Herennium」という著者名が不明の古代の修辞学専門書でも、「場所方法」が説明されている。第三章の２８項以降のところである。１９５４年のCaplanによる英語翻訳[48]では、204頁以降に掲載されている。キケロの上記「De Oratore」より古く、紀元前80年代に発表された。

著者は、場所（locus）に画像（imaginum）を付ける方法が、読み書きができると同様に、情報を記憶に入力して、後に呼び出すことが可能である、と説明している。

多くの情報を暗記するために、多くの場所が必要となる。その場所は、以下の特徴が望ましい。

第一、お互いに明白に異なるところがよい。アメリカの記

---

48 De Ratione Decidendi, (Rhetorica ad Herennium), with an English Translation by Harry Caplan, 1954, Harvard University Press。

憶大会で優勝した経験を描く記憶術に関するFoerの本[49]では、住宅を場所として使う。寝室、階段、台所、トイレ、玄関など、お互いに簡単に区別できることになる。

極めて単純な例で基本発想を説明してみる。人間を殺す数が多い危険生物の記録[50]を部分的に暗記してみる。一年間の死亡者数は、ワニで1000名、ライオンで100名、サメで10名、と言う情報である。

その三つの情報のために、三つの場所で足りる。寝室、廊下、風呂場の順番を使う。

自分の子供時代の住宅を使用する。寝室の窓際に大きなワニの玩具がある、と想像する。口を大きく開いて、千円札を咥えている。

次に廊下まで移動したところ、高さ100センチのラインの銅像が置かれている。目に大きな真珠が使われているので、百万円の値段表がついている。

更に歯磨きのために風呂場に移動してみると、湯船に10センチ程度の小型サメが泳いでいる。上半身だけで服を着て、サッカー選手と同様に背番号１０がある。

ワニ1000、ライオン100、サメ10という情報と順番を、長期記憶に残すため、このように、ある場所を背景に、情報を画像化して貼り付ける方法は、「場所方法」である。

情報の数が増えると、より多くの背景として使う場所が必要となる。その場合、例えば通勤で毎日通る道を使うことが可能である。

建物を使用して、大量の場所を用意する場合、「記憶宮

---

[49] Joshua Foer, Moonwalking with Einstein, 2011。

[50] Nelson, Mosquitos Kill More Humans Than Any Other Animal Alive: Bill Gates Promotes Awareness Of Deadly Insect (INFOGRAPHIC, 2014, k-lenz.de/ls41。

殿」(memory palace）という言い方が多い。

なぜ、この方法で情報を長期記憶に残すことが可能となるのか。人間の進化に原因がある。

人間が今のような文明で生活している期間は、人間の歴史の中で僅かである。1パーセントに満たない。人間の従来の生活は、動物の狩りと植物の採集に基づく（hunter and gatherer）。そのために必要な記憶力は、自分の周りの道に関する土地勘、そこで見た動物・植物に関する具体的な映像に関するものである。数万年前の人間にとっては、最高裁の判例を暗記する必要もなければ、判例などないもので、暗記する機会もない。

すなわち、人間の記憶力は元々、映像についての記憶力と場所に関する記憶力が優れている。「場所方法」は、その人間の記憶が強いところを利用して、人間の記憶力が優れていない抽象的な発想を覚えるための置き換え作業である。

その際、成功は思い出す時点ではなく、置き換えて入力する時点で決まる。

「場所方法」の威力は、人間の脳にとって記憶対象にすることが難しい情報を、記憶しやすい情報に置き換えることによって生じる。その過程は、自分で創造的に考える必要がある。そのため、必然的に積極的な学習になる。記憶した情報の量と同時に思考能力、想像力も養成することになる。

b）法学学習戦略のための応用

基本発想を説明するときに、ワニ・ライオン・サメによる死亡者数という情報を使った。最初から情報量が少ない。また、数字という抽象的な側面もあるが、最初から画像にしやすい危険生物が対象となるため、「場所方法」に特に向いている。

適当に法学関係の知識を選んで、「場所方法」を試してみる。民事訴訟法の大原則である「弁論主義」は、「民事訴訟で口頭弁論を開かなければならない」という意味ではない。事実認定は当事者中心で行う、との考え方である。

その「弁論主義」には三つの側面がある。当事者が主張しない事実は、裁判所が認定できない。当事者が申請しない証拠調べの方法は、裁判所が実施できない。当事者が自白する場合、裁判所がその自白に拘束される。

この情報のために先と同様に、子供時代の住宅の寝室・廊下・風呂場を使ってみる。

寝室を思い出して、そこに「当事者が主張しない事実は、裁判所が認定できない」画像を入れてみたい。

しかし、である。

第一、既にこの部屋に口に千円札を銜えたワニがいる。この場所が「満室」となっている。

第二、「当事者が主張しない事実は、裁判所が認定できない」という抽象的な発想は、ワニと異なって、簡単に画像に置き換えることができない。

第一の問題について、古代の「Ad Herennium」に答えがある[51]。

「場所」は、黒板のようなものである（当時は「蝋タブレット」を使用したが）。映像は、黒板に書く文字のようなものである。すなわち、映像を一度、場所に置くことにより、長期記憶に残すことができる。その後、その場所を別な映像に使っても構わないことになる。黒板を消して別な文字を書くと同様なことになる。

---

[51] De Ratione Decidendi, (Rhetorica ad Herennium), with an English Translation by Harry Caplan, 1954, Harvard University Press, 211。

第二の問題の方は、想像力を必要とする。通常事例を考えて、できるだけ絵になるような形で寝室の窓際に置く。

その絵には、最低二人が必要となる。裁判官と原告の弁護士とする。

弁護士が箪笥の中を見て、その中にある数多くの事実を眺めている。裁判官は、その箪笥の中を見えない。弁護士の責任で、一部の事実を選んで、箪笥から取り出して、裁判官に見せる。

上記の原理を一つの画像に置き換えてみた。完璧ではない。しかし、ある程度、趣旨を理解できる画像になっている。

廊下に移動してみる。私の子供自体の家の私の寝室は二階にあるので、廊下に出ると、そこに階段もある。裁判官が真ん中に立っている。弁護士は階段の近くにいて、階段の下で待つ証人を見ている。裁判官の立っているところからは、その証人を見ることができない。この証人を上の廊下まで呼ぶかは、弁護士の責任で判断する。

最後は風呂場に移動する。弁護士が真っ白の法服を着て湯船の中で立っている（自白の「白」を生かして画像を作っている）。洗面台の前に立っている裁判官の顔も真っ白になっている（自**白**に拘束されている裁判官も部分的に白くなる）。

上記の画像の創造は多少苦労した。当然である。抽象的な発想を無理矢理に画像に置き換える。ワニを想像するより難しいに決まっている。

しかし、この置き換え作業のために、当該抽象的な発想の本質について考える必要がある。その過程で、当該発想が長期記憶に残る可能性が大幅に増す。

すなわち、結果として出来上がった「弁論主義劇場」の絵を眺める復習をするまでもなく、既に当該画像を用意した時点で、長期記憶の入力に成功する率が増加する。

画像を考える努力と時間の投資を省略して、単に寝室の壁で大きな字で「事実の主張、当事者のみ」と書かれた看板を想定することもできる。廊下の真ん中に「証拠調べは、当事者の申請のみ」の大きな立て看板を想像する。風呂に入って風呂場の天井を眺めると、そこに「裁判官は自白に拘束される」と大きな字で書かれていることを想像する。

その場合、学習の対象が画像になっていない。しかし、知識を場所に貼り付けることにより、人間の土地勘に関する記憶が優れている部分は、生かすことができる。適切な画像を作ることが困難である場合、又はその時間を投資したくない場合でも、「場所方法」を使用することができる。

日本で法学を勉強する場合、言葉を画像に置き換える際に、漢字の使用により楽になる。上の例では「弁論主義により、民事訴訟で自白が裁判官を拘束する」という発想を画像化するために、「自白」の「白」の部分を使った。漢字は、元々、言葉を画像にしている。

例えば「法学学習戦略」の最初の文字「法」は、「水」を指す左の「さんずい」と右の「去」（さる）からなる。雨が平等にどこにも降る「平等」の発想、雨が地面のゴミを除去する意味である[52]。

ドイツ語で「Recht」又は「Gesetz」で「法」の意味を書く場合、漢字特有の背景の画像がない。その分、日本語で勉強する場合、抽象的な発想も画像にすることがしやすい。

c）「場所方法」の改善：場所番付

「場所方法」は、知識を貼り付ける場所の連続を用意する。

---

52 Oreste Vaccari/Enko Elisa Vaccari, Pictorial Japanese Characters, 1950, 104

住宅のような実在の建物を「記憶宮殿」として使う。その場所に長期記憶に入力したい情報を、できるだけ絵になる形で貼り付ける。

この基本発想を「条文番付」と合わせて、「場所番付」として本書で提案する。

条文番付は、既に説明してきた。法律家は条文知識を必要とする。しかし、条文の重要性には格差がある。最も重要な条文を先に覚える必要がある。

ならば、条文に関する知識入力段階で「記憶宮殿」を使う場合、その宮殿の中の場所にも番付を使う発想が、自然な改善提案になる。

本書の最後のところで、基本六法について「条文番付」を適用してみる。その際、「場所方法」も同時に使ってみる。

例えば憲法の条文番付で上位１５は、以下のようになっている。

21, 14, 13, 81, 29, 20, 76, 15, 22, 28, 32, 89, 38, 73, 35。

この条文番号を青山学院大学のキャンパスから採用した場所に貼り付けてみた。そのために、memrise.comのサイトを使用してみた。今のところ、憲法・民法・刑法・民事訴訟法・刑事訴訟法・会社法の基本六法について、条文番付を場所に貼り付けた。無料登録をすれば、誰でもそのサイト上の講座を使用して、「場所方法」の威力を体験できる[53]。「memrise.com」については、下で詳しく説明してみる。

実際にキャンパスを歩いてみて、「場所」に使いたいところの写真を撮影した。その写真にmemrise.comの機能を使用して、「21:表現の自由」などを貼り付けてみた[54]。

キャンパスを「場所」に使う利点は、複数の者が当該場所

---

[53] k-lenz.de/memrise参照。

[54] Lenz,憲法最重要条文１５（条文番付）、k-lenz.de/kenpo参照

を共有できる点にある。自宅ならば、各自の「場所」が異なることになる。キャンパスの場合、当該大学の学生は（又は場合によっては関係者でない者も）同じ場所を使うことが可能となる。

「21：表現の自由」は、正門の写真に貼り付けた。以下同様、キャンパスの15か所に、条文の番号と表題の情報を付けてみた。

その結果、実際にキャンパスを歩いてこの情報の復習をできる。また、頭の中で歩いて、効率よく復習できる。

「場所方法」の効果で、当該情報の内容だけではなく、情報の順番を確実に長期記憶に残すことになる。

３．掛け釘方法

「場所方法」は、人間の優れた場所関連の記憶力を応用して、情報を長期記憶に残す。先の例では、自宅の部屋、キャンパスの各所を使ってみた。

「掛け釘方法」は、「Mnemonic peg system」[55]の訳語として選んだ。「peg」とは、「掛け釘」の意味である。帽子を掛け釘に掛けると同様に、新たに記憶に残したい情報を、予め用意した頭のなかの「釘」に掛ける。

「掛け釘方法」が採用されているサイト「memrise.com」を紹介してみる。さらに、「掛け釘方法」の一つである「Major方法」を説明してから、「掛け釘方法」が法学学習にどのように活用できるかについて検討する。

a）Memrise

学習サイト「memrise.com」は、「掛け釘方法」を理解するために有意義である。使ってみて、情報を記憶に残すため

[55] Wikipedia, Mnemonic peg system, k-lenz.de/ls43参照。

に有力な道具であると評価している。

まず、このサイトにどのようにたどり着いたかについて、説明してみる。

Foerは2011年に「Moonwalking with Einstein」を発表した。この本では、記者としてアメリカの記憶力大会を取材した後に、次の年（2006年）で優勝するまでの成長を描いている。著者が大学卒業して間もなく、この企画を競売にかけた結果、Penguin出版社が120万ドルで落札した[56]。

2006年当時、アメリカの記憶大会のレベルは、世界大会と比べて低い状況であった。しかし、それでもある程度の準備が必要であった。Foer氏が記者として取材して知り合ったイギリスの記憶大会選手のEd Cooke氏は、その間、Foer氏の記憶術の師匠・監督を務めた。

「Moonwalking with Einstein」では、Cooke氏について様々な説明がある。当時、Foer氏と同様に20代前半のCooke氏は、将来の仕事が未定の状況であった。父親が弁護士になるように勧めたが、「法律はゼロ和ゲームだから、一生の無駄」と考えていた。将来は、記憶術を応用する企業を創立して、世界の教育に革命を起こす、という目標が描かれている。

本書取材のためにCooke氏のWikipediaページ[57]を確認したところ、既に記憶関係のインターネットサイトを立ち上げていた。そのサイトがmemrise.comである。記憶術の威力を一般の教育に応用することが目的である。

早速、このサイトでＩＤを登録して、使ってみた。私がこのサイトで最初に覚えた情報は、イギリスの歴史学者

---

[56] Matthew Flamm, Third Foer brother inks Penguin deal, Crain's New York Business, 2006年10月31日、k-lenz.de/ls45

[57] Wikipedia, Ed Cooke, k-lenz.de/ls46。

Richard Overyが選んだ世界史の最重要50年号である[58]。2007年にTimes誌に掲載されている。以下の50件の年号である：

紀元前3500, 3200, 3000, 1600, 1600, 753, 670, 563, 551, 490, 327, 202, 27, 5。

期限後105, 280, 312, 476, 570, 730, 800, 1054, 1088, 1206, 1215, 1453, 1455, 1492, 1509, 1517, 1519, 1564, 1651, 1687, 1776, 1789, 1815, 1825, 1859, 1885, 1893, 1905, 1917, 1918, 1939, 1945, 1949, 1959, 1960, 1989-1990。

これらの年号は、以下の出来事に対応する。「時計の発明」、「紙の最初の使用」、「ニューシーランドで女性選挙権を認めた」など、普通は「世界史最重要５０」まで注目されない項目もある。

車輪の発明、読み書きの発明、最初の都市の創設、ギリシア文明の始まり、アルファベットの発明、ローマの創設、鉄材工業の発明、釈迦の誕生、孔子の誕生、マラトンの戦い、アレクサンドロス3世の支配がインドまで及んだ時期、ザマの戦いでローマがハンニバルに勝った、ローマ帝国の創立、キリスト誕生、初の紙使用、普（しん）王朝による中国統一、コンスタンティヌス１世がキリスト教信者に改信、西ローマ帝国が滅びる、ムハンマド誕生、印刷の発明、カール大帝がローマ皇帝に、東西教会の分裂、世界最初の大学創立、チンギスカンがモンゴル皇帝に、マグナ・カルタ、コンスタンティノープルの陥落、グーテンベルグ聖書の印刷、アメリカの発見、時計の発明、宗教改革、南米征服、Shakespeare誕生、Leviathan出版、Principia Mathematica出版、独立宣言、フランス革命、ワーテルローの戦い、機関車の発明、Origin of Speciesの出版、ガソリン車の発明、ニューシーランドで女

---

58 Richard Overy, The 50 key dates of history, Times Online, 2007年10月19日（購読必要）, k-lenz.de/ls47。

性選挙権を認めた、Einsteinの相対論の発表、ロシア革命、第一次世界大戦終戦、第二次世界大戦開戦、第二次世界大戦終戦、共産主義中国創立、シリコン・チップの発明、ピルの発明、ヨーロッパ共産主義の崩壊。

これらの年号と歴史的出来事の情報を記憶するために、2015年現在6000人以上が勉強したmemrise.com上の学習講座（course）がある[59]。歴史部門で一番人気の過程である。

私は現在57歳だが、この講座を使ってみて、短期間で当該情報を長期記憶に残すことができた。自分の名前、父親の名前と同様、これらの情報は、これから忘れることがないだろう。

今の仕事にこの情報の暗記は特に必要でない。しかし、これらの情報を完璧に記憶していること、テストで確実に満点を取れることは、気分が良い。満点を多く経験すると、この気分の良い経験の再現を求めて、記憶訓練に関心を持つことになる。その記憶術を法学学習に応用できると、司法試験の成績も上昇する。

「掛け釘」は、このサイトで「mem」と呼ぶ。学習過程と同様に、利用者が提供することになる。画像データと文字からなる。

例えば、Shakespeareの生まれた年（1564）を覚えるために、私が選んだ「掛け釘」が、以下のものである。「Shakespeare loved the Beatles, his favorite song was "When I'm 64", in a quaint reference to his birth date」。（ShakespeareはBeatlesを好きでした。最も好きな一曲は「When I'm 64」であった。自分の誕生年号を意識して）。私も、Shakespeareと同様に、このBeatlesの「When I'm 64」を知っている。「６４」を覚えるために、音楽と関連付けることで、記憶に残す。

[59] Memrise99, 50 Key Dates of World History, k-lenz.de/ls44

Shakespeareは16世紀で生きたため、Beatlesのファンとなることは当然不可能であるが、不可能である分、逆に「掛け釘」に適している。記憶に貼り付けるためには、普通でない発想が有意義である。その分、「掛け釘」を考える作業が、想像力・発想力を鍛える効果も生じる。

「掛け釘」方法は、ある情報を既に知っている別な情報と（無理矢理でも構わない）関連付ける方法である。memrise.comで利用者から適切な「掛け釘」を募集した結果、面白いものが提案されることになる。

b）Major

「掛け釘」を作る方法の一つは、数字を文字に置き換えることである。Major制度は、その方法の一つである。

例えば、グーテンベルグ聖書の印刷の年号（1455）がMajor制度で「trll」となる。その4文字を使った「合言葉」は「tar alley」である。「tar alley」の意味は「ター街」である。存在もしない「ター街」で最初の印刷があったことを創造して、画像も付けてくれた「memrise.com」の利用者が、この言葉を「掛け釘」として提案している。

このMajor制度では、数字の「１」は「ｔ」で表現する。「ｔ」は「１」に似ているからである。「２」は「ｎ」となる。「ｎ」は、二つの垂直線を有するからである。同様の理由で、「３」は「m」となる。「４」には「ｒ」を使う。英語の「four」の最後の文字を取る。「５」は「L」となる。大文字の「L」はローマ数字で「５０」となることで覚える。「６」は「ｓｈ」であるが、「six」を「shix」に変わることで覚える。「７」は「ｋ」で表現する。「ｋ」の文字を上下に分けて、二つの「７」になることで覚える。「８」は「ｆ」となり、９は「ｐ」となり、ゼロは「z」となる。

多少の簡略では、このように説明できるが、関心がある場合、memrise.comで学習講座を使って覚えることができる[60]。

c）最も効率の良い掛け釘

世界史最重要年号に戻ってみるが、利用者が提案する「掛け釘」に次ぎのようなものもあった。

相対論の発表（1905）の掛け釘として、初の紙使用（105）と関連付けて覚える提案である。紙の発明から１８世紀をかけて、相対論の発表ができた。

この「掛け釘」の効果で、相対論発表の年号を覚えると同時に、紙の発明の年号の復習ができる。その分、効率が一番良いことになる。

同様に、ロシア革命（1917）を宗教改革（1517）とセットで覚えると便利である。両方が従来の秩序に対する重大な挑戦である共通点もある。

さらに、ガソリン車の発明（1885）が機関車の発明（1825）から６０年後と覚えることも、「交通手段の発明」という共通点がある。

最後の例は、Origin of Speciesの出版（1859）とシリコンチップの発明（1959)である。「学問領域」という共通点がある。

「掛け釘」方法は、既に知っている情報に新しい情報を関連付ける方法である。「既に知っている情報」も学習対象の範囲内である場合、学習対象情報が「掛け釘」情報で記憶されるが、逆に、学習対象情報で「掛け釘」情報が記憶されることになる。

その現象を利用するために、長期記憶に既に「掛け釘」に

---

60 Andrew, An Introduction to the Mnemonic Major System, memrise Course, k-lenz.de/ls48。

利用できる情報があることが前提である。すなわち、豊かな者に与えるべきである、という聖書の比喩のとおりで、既に知識を有する者が、さらに効率よく知識を増やすことができることになる。

当該聖書の比喩は、マタイによる福音書２５の１４-３０に出ている[61]。現代の状況に置き換えて以下のように要約できる。

金持ち社長Ａは、暫く旅にでることにした。会社を三つの子会社に組織変更した上、極めて優秀な部長Ｂを年商５００億円の子会社の社長にした。並み程度の部長Ｃを２００億円の子会社の社長にした。平均以下の部長Ｄを年商１００億円の子会社の社長にした。

旅から戻ってみると、Ｂが年商を１０００億円に伸ばした。Ｃも年商を４００億円に倍増した。Ｄだけは、消極的な経営の結果、１００億円を維持したのみである。

Ａは、Ｄを解雇して、その分をＢとＣに任せた。すなわち、「豊かであるＢとＣは、更に豊かにすべき」という考えである。

学習に応用する場合、この現象に「マタイ効果」の名称がある[62]。既に知識を有する者は、更に知識を得る。

既にある知識を「掛け釘」に使用できる上記の説明も、その「マテイ効果」の要因の一つである。

４．法学学習への応用

今まで「場所方法」と「掛け釘方法」を説明してきた。ここでは、法学学習に応用する可能性を検討する。

そのために、現在にMemriseで出している法学関係の講座

---

61 Wikipedia, Parable of the talents or minas, k-lenz.de/ls49。

62 Wikipedia, Matthew Effect, k-lenz.de/ls50

を題材として使う。2015年6月現在、日本の憲法・民法・刑法・民事訴訟法・刑事訴訟法・会社法について、最も重要な条文の番号と表題を覚える講座をだしている[63]。

これらの講座は、その情報を青山学院大学のキャンパスから選んだ場所に貼り付けている。正門から始まり、キャンパスをカメラで撮影して、写真を用意した後に、memrise.comの学習環境を使って、当該写真に条文情報を付けることにした。

その結果、総計100を超える「最重要条文」を、順番に覚えることが可能である。頭の中でキャンパスを回って、短時間で復習することも可能となる。

次の行に書く数字をみていただきたい。

「1342201142473033840118392462914912414226711524823471431571794297318」

この数字は、民事訴訟法の最重要条文番号２５をスペースなく並べたものである。私がmemrise.comで用意した講座を使うことにより、この数字を記憶から再現することができるようになる。この原稿を書くときに、記憶から書いた。

このことができる実益が不明との反論もありうる（飲み会のネタにはなるが）。

しかし、「場所方法」を採用しなければ、上記の番号の暗記は、無理と思われる。「場所方法」の威力が分かる実験として、充分に注目に値する。

「場所方法」を用いて、どの情報を長期記憶に残すべきか。最重要条文の番号を覚える意味がそれなりにあると思う。本書で後に、それらの条文の文言のみ（条文番号を抜いたもの）を収録している。条文番号を記憶していると合わせて読むことができるようになる。

---

[63] k-lenz.de/memrise参照。

仮に、本件情報それ自体には意味がないと前提してみる。その場合でも、本件情報で「場所方法」の威力を理解できる。「場所方法」を用いて、どの情報でも効率良く長期記憶に残すことができることを理解できるからである。

「場所方法」は、情報の順番を意識することで、情報それ自体を効率よく記憶する方法である。どの情報でも対象とすることができるので、法学学習に必要な情報も、対象とすることができる。

「掛け釘方法」は、情報Ａと情報Ｂの連結を意識して、情報を効率良く記憶する方法である。「場所方法」それ自体は、既に「掛け釘方法」の一種として理解することもできる。

すなわち、私の上記memrise講座で「民事訴訟法134条：証書真否確認の訴え」という情報を、「青山学院大学正門」および「民事訴訟法番付1位」という別な情報と連結している。情報が単独より他の情報との連結で記憶できる。

法学の勉強をある程度した人なら、「民法424条」と言えば「詐害行為取消権」として理解できる。条文番号と条文の内容の連結が自然にできる。

「詐害行為取消権」の情報を単独で覚えるよりは、「民法424条：詐害行為取消権」の連結で覚える方が、実は簡単である。

すなわち、民法を勉強する場合、条文の内容を単独で覚えるのではなく、条文の内容とその番号の連結で覚えることを目標とすべきである。条文に番号がついている分、条文の内容という情報が覚えやすい。そのことは、特に記憶大会選手の常識を理解しない者でも、経験できる。しかし、「掛け釘方法」を意識して、この「連結による記憶」を更に効率よく利用することができる。

そのことを説明するために、私がmemriseで出している講座を題材にしてみる。本書でも後に述べているが、日本の憲法・民法・刑法・民事訴訟法・刑事訴訟法・会社法の最重要条文は、21条・709条・235条・134条・312条・423条である。私の講座で青山学院大学の正門に貼り付けている。

さて、憲法21条（表現の自由）と民法709条（不法行為）の連結を作ってみる。比較的簡単にできる。

ドイツ法の講義でよく話題にしているが、不法行為の一つは、マスコミによる不当な報道である。被報道者Xが雑誌出版社Yの「言論の自由」に対する制限となる「不法行為に基づく差止め」を請求する案件が想定しやすい。

今度は民事訴訟法134条（証書真否確認の訴え）と刑事訴訟法312条（起訴状の変更）の連結を作ってみる。

先の例と比べて、簡単にはできない。しかし、無理矢理でも、創作してみる。

原告Xが被告Yに対し、原告の手元にあるY署名の示談証書が真正である訴えを提起した。同時に、検察官がXを私文書偽造罪（刑法159条）で起訴した。後に、検察官がXの民事訴訟が訴訟詐欺に該当すると判断して、起訴状を変更して詐欺（刑法246条）でも起訴した。

この事例を創作するには、考える必要がある。民事訴訟法134条と刑事訴訟法312条の通常事例を想定して、両方が重なる場合を求める。

その結果、両方の通常事例に関する理解ができる。更に、意識して本来は関係ない情報の連結を創作することにより、両方の情報が長期記憶に残ることになる。

すなわち、このように情報の連結を意識してその連結を創作する過程は、思考力も鍛える上に、情報を長期記憶に残すことができる一石二鳥の効率が優れた学習方法である。

以下同様、憲法・民法・刑法・民事訴訟法・刑事訴訟法・

会社法で番付の順位が共通である条文の間に無理矢理に連結を創作してみると、多くのページを埋めることができる。しかし、ここではこの原理を確認することだけが目的である。

この原理は、「連結を意識して情報を覚える」「掛け釘方法」の基本趣旨である。

IV，忘却率と関心

ある講義に出席して、居眠りしないで聞いた場合でも、常にそこで提供される情報の一部のみが長期記憶に残ることになる。私は既に多くの講義を**担当した**が、そこで言った全ての情報を長期記憶に残しているとは言えない。確かに、ノートをとり、後で復習する場合に、その長期記憶に残る率が上がるが、復習に更に時間がかかる。

ある本を読んでいる場合、常にそこで書かれている情報の一部のみが長期記憶に残る。私は既に多くの本を**書いた**が、自分で書いた全ての情報を長期記憶に残しているとは言えない。確かに、良い本を百回書き写す場合に、その長期記憶に残る率が上がるが、更に相当の時間が必要となる。

仲間とある問題について議論する場合、そこで議論される情報の一部のみが長期記憶に残る。

これらの場合に、忘却される部分が生じる。忘却率は、情報の総量と忘却される量の割合で定義される。

当然ながら、忘却率が低い方が良い。

忘却率を下げるための鍵は、当該情報に関する関心にある。

ならば、法学への関心を増やすことが、学習戦略の鍵となる。

1．法学の勉強が面白い：番号士

存在もしない「番号士」という職業を創造する。その職業を営む人は、依頼人に様々な番号を教える。例えば、電話番号である。電話帳を暗記した上に、依頼人の問い合わせに答える仕事である。

番号士の仕事を業とするため、番号学部で７年間に勉強した後に、番号試験に合格して資格を得ることが必要である。需要を大幅に下回る合格者しか出ないように試験制度が設計されているから、番号士になった時点で、年収５０００万円の見込みが確実である。

高い年収を目指して電話帳を暗記する番号学部の学生は、当該情報の暗記に関心を持つことが相当な難題である。

番号士ではなく弁護士を目指す場合、電話帳ではなく条文・判例を学習対象とすることになる。当然ながら、番号の暗記よりは、面白い学習対象となる。

法学部の学生として様々な講義を履修する。それらの講義を聞いて、「面白い」と感じることがあるのか。

その経験が全くない場合、法曹を目指す判断に疑問が生じる。一生は短い。その内、職業に使う時間は長い。関心もない分野にその長い時間を使うより、関心のある分野の職業を選んだ方がよい。

私は、法学に関心を持っている。４０年間、この分野で仕事できて良かったと感謝している。なお、この「４０年間」の計算には学生時代が含まれている。学生は未だ収入を得ていないが、法学を覚えることを仕事とするためである。

囲碁の棋士を目指して囲碁の勉強をする子供は、司法試験合格と比べて最低限でも５倍の勉強量を投資する。この「５倍」という数字には特に客観的な根拠がないが、１５歳まで１日平均１０時間の勉強を１０年間継続しなければ、一桁しかない合格者に入る訳がない。また、棋士になることそれ自体には余り意味がなく、上位の成績を継続的に維持しなければならない。

司法試験合格者のなかに、１５歳までこのような勉強量を記録した人は、いるだろう。

囲碁を勉強する者は、元から囲碁に関心がなければ、無理である。師匠に弟子入りして、寝ても起きても囲碁に集中する生活になる。勉強量が増えると、周りとの対戦成績が上昇する。実力だけの世界であるため、大戦成績の上昇に上限がない。

囲碁と同様に、法学は元々面白い学習対象である。しかし、学習戦略により、なお関心を持つことが可能である。私の経験では、以下の方法がある。

２．自分の問題として考える

１０数年前にドイツ語で学習戦略について本を書いた時期に、ドイツである法学部の学生がＥＵ裁判所まで闘う訴訟の当事者となっていた。

当時は、ドイツが徴兵制度を実施していた。１８歳になったこと、ドイツ国籍、国内滞在、男性であることを条件に、一定期間、ドイツ連邦国防軍に所属するように強制される制度である。

その学生は、徴兵に関する行政行為に対して行政裁判所で取り消しの訴えを提起した。その理由は男女差別であった。

男性が徴兵で無駄に時間を使う間に、女性は既に法学部で一年間勉強できる。その分、女性の方は司法試験の合格が一年早くなる。確かに、女性の場合には妊娠による負担がある。男性は妊娠しないので、その負担が生じない。しかし、妊娠は本人の判断を前提とする。妊娠に関する強制はない。

従って、男性のみを対象とする徴兵制度が男女差別に該当する、とその原告が主張した。

その場合、関連する法律問題は、彼の立場からして自分の問題となった。自分の問題であるから、関連する今までの判例・学説を徹底的に調べることになった。また、ＥＵ裁判所の判例も、長期記憶に残ったと思われる。結局敗訴して[64]、連邦国防軍に入ることになったからである。

自分の事件として勉強する場合、理想的な関心が生じる。しかし、実際に自分の事件を数多くかかえてしまう場合、勉強時間がなくなる。または、刑事法分野の勉強では、犯罪を犯して被告人にならない限り、自分の事件が成立しない。来週、講義で殺人罪が出るからといって、予習として自分で殺人をやる訳にはいかない。

しかし、「当事者として」または「当事者の代理人として」事件を見ることが常にできる。自分がある事件を勉強するときに、自分がこの事件を担当する弁護士になったことを想定することができる。

囲碁の勉強で他人の棋譜を並べる勉強法がある。その際、「この場面で自分ならどの手を選ぶのか」のように、受身的ではなく、自分で考えながら並べることもできる。

「当事者の弁護士」のつもりで判例を勉強することは、同様な感覚である。自分なら、この場面でどのように議論を展開するのか。

訴訟に二人以上の当事者がいる。そのため、「当事者の弁護士」として考える勉強法は、二つ以上の検討を必要とすることになる。

法曹の大半は弁護士である。ドイツでも日本でも、裁判官・検察官になる人は全体の少数である。また、上位成績でない限り、裁判官・検察官として就職できない点も、ドイツ・日本の共通点である。

---

64 EuGH, Urteil vom 11.3.2003, C-186/01, Dory, k-lenz.de/ls27。

従って、学生時代から、判例を弁護士の立場から見る姿勢を練習することが有意義だと思われる。裁判官として権力と責任を持って正解を求めるのではなく、弁護士として説得力と迫力を持って、自分の側に少しでも有利な結果を求める姿勢である。

３．最悪判例１０選

法学を勉強する際に、判例を学習対象とすることがある。その際、結論に賛成する場合と、結論に反対する場合がある。当事者の内、一方が敗訴する。敗訴した当事者は、必然的に結論に反対している。従って、前記の「当事者の立場から考える」助言を実施した場合、その立場の一つが必然的に判例の結論と逆となるので、その判例の結論に反対することにもなる。

しかし、自分で考えた結果、自分が裁判官として権力と責任を持って判断する場合、判例の結論に反対する場合もあるはずである。

このような判例こそ、優先的に勉強すべきである。

私個人の数十年間の経験では、結論に反対している場合に関心が出る場面が多かった。「この判例に反対である」と考えた場合、その結論に対する反論が必要となる。相手は最高裁で、権力を持っているので、反論の理由に説得力が求められる。簡単には勝てない場面である。

しかし、勝ち負けの問題ではない。最高裁の判例なら、当該事件が既に確定している。仮に、反論の理由のなかに、確実に結論が逆転するものがある場合でも、既に確定している判例には影響しない。勉強する場合には、責任が軽い。

敗訴した当事者は当然ながら、逆の立場から議論を展開した。その敗訴当事者の議論で見逃された理由で、決定的な説得力がある場合、少ないはずである。また、今まで当該判例について評釈などを発表した学者の議論にも出てこない理由に決定的な説得力がある場合は少ないはずである。

学習目的で判例を検討する場合、実際に弁護士として判例変更を目指す訴訟を担当する場合と異なり、勝ち負けの問題ではない。しかし、反対の立場である判例を学習対象とする限り、全力で戦う気になる。その結果、より深い理解を求めて、徹底的に調べる関心が出る。

具体例で説明してみる。2013年の判例変更[65]まで、日本では民法900条の法定相続分は、嫡出でない子供は嫡出の子供の半分とされていた。この差別が憲法14条と両立しているのは、従来の判例の考えである。私は、この従来の判例に反対であった。嫡出でないことについて、当該子供には何ら責任がなく、大人の事情である。本人には何ら責任のない事情で差別することを許すことになる。

逆に、多くの判例は、賛成できる。常識的な判断を行っている。この場合、反論する必要がない分、関心が少なくなる。

日本では、短答式試験がある。「判例に照らして」という形の出題になる場合が多い。

その場合、当該問題に関する判例が間違っている場合、その間違った判例の結論を覚えておかなければならない。自分で考える正しい答えが不正解とされるからである。逆に、判例の結論が常識的で反対する理由もない場合、自分で考えても同じ結論となる。その分、覚える必要性が少ないことになる。

仮に「結論に反対の判例を学習する際に関心が出る」という私の経験に基づく主張が正しいとした場合、学習戦略でど

---

65 最高裁、平成24年（ク）第984号、第985号、2013年9月4日、k-lenz.de/ls05。

のように応用すべきか。

答えは簡単である。結論に異論がある判例を優先的に学習対象とすべきである。「判例百選」のような判例集を学習対象とするときに、その判例のなかに、「最悪」10件は何か、自分で考えるべきである。これらの判例について、徹底的に反論する姿勢で臨むべきである。

「判例百選」に掲載されている最高裁の判例の大半は、問題事例であるはずである。条文さえ見れば結論が簡単に出るような通常事例は、最高裁判所まで戦う意味がないからである。最低限でも最高裁で敗訴した当事者は、当該判例の結論に反対しているはずである。多くの場合、裁判官の中に反対意見を述べる者もいる。

すなわち、「この判例の結論が間違っている」は、程度の問題である。ある法律に関する解釈論について、100人の法曹に意見を聞いた場合、賛否が51対49の場合もあれば、97対３の場合もありうる。「判例の結論に反対」の立場も、絶対判断より相対判断である。

そのため、「最悪１０選」も、相対的な判断となる。１位もあれば９位もあることになる。

確かに、学生の分際で「最高裁の最悪判例」を生意気にも評価することに、抵抗を感じる可能性もある。しかし、この反発精神が必要である。関心の基になる。また、弁護士になってからでは、不利な場面でも全力で戦う必要がある。判例が不利の場合、その判例変更の理由を探すことになる。

「最悪判例」を探す姿勢は、自分で考える能力、自分で戦う能力を養成するためにも必要である。

４．恥への反発

法学部または法科大学院で法学を勉強する場合、単独で取り組む形ではない。特に授業で学生の発言も求められている法科大学院の場合、周りの学生の実力が分かることになる。また、法学部の講義の大半のように、単に講義を聴くだけの場合でも、期末試験で自分の理解を示す必要がある。

授業と別に、仲間と議論する勉強会を開く可能性もある。

更に、相談サイトを利用することもできる。無料で弁護士に相談を求め、弁護士がその相談要請に応じるサイトがある[66]。そこで実際の相談に触れてみることができる。自分が弁護士としてこの相談を受けた場合に、どのように対応するか、という練習が可能となる。

それらの場面で成功することもあれば、失敗することもある。

失敗の原因が、当然に知る必要がある事項について知識が足りない場合がある。その場合は、特に初期の段階で多いはずである。

仲間と議論するところで、皆が知っている基本事項について、自分だけが知らない場合。期末試験で答えることができない問題が出た場合。教室で議論した時に、周りの学生が皆知っている事項について、自分だけが分からない場合。

これらの場合には、もう二度とこんな恥をかきたくないから、徹底的に学習して、当該事項について自分の孫が司法試験に合格する５０年先までも、確実に長期記憶に残るようにする良い機会として理解すべきでる。

教科書三冊、関連判例５件、関連する論文５件を読んでみる。同じ事項について集中的に勉強することになるので、自動的に復習が入る。その分、長期記憶に残りやすい。

---

66 弁護士ドットコム、bengo4.com。

E.効率よく能力を養成する方法

Ⅰ．自分で考える能力

1．Asimov: Profession

ＳＦ作家のIsaac Asimov[67]が1957年に発表した短編「Profession」[68]は、学習戦力を議論する際に、注目に値する。

この短編の舞台は、遠い将来の地球である。人類が既に多くの外部惑星に移民することに成功した。教育も大幅に変わった。

この世界の教育は、二日間で行う。

第1回は8歳の時に、子供全員が読書の能力を受ける。「読書の日」（Reading Day）で、なぜか全裸にされる子供たちが謎の機械の力で、数分間で読む能力を身につける。

第２回は18歳の時に、若者が教育を受ける「教育の日」である（Education Day）。なお、英語の原文では、「Education」は通常と異なり大文字の頭文字で書くことにより、現代の教育と異なることが明らかにされている。この「教育の日」は、「読書の日」と同様に、機械の力により、数分間で職業に必要な全ての知識を長期記憶に入力する。

現代の法学部・法科大学院での勉強と比較すると、極めて短期間で済むことが、その機械使用教育の利点である。しかし、問題点もある。

すなわち、「教育の日」現在の知識が古くなった場合、新しい情報を自分で学習する能力がないため、対応ができなく

---

67 Wikipedia, アイサック・アシモブ、k-lenz.de/ls30。

68 Asimov, Profession, 1957, k-lenz.de/ls31; Wikipedia, Profession (short story), k-lenz.de/ls32。

なる、という弱点である。

現実の世界では、判例データベースが似たような現象である。コンピュータは判例データベースの情報を記憶に入れるために、時間を必要としない。人間のように4年間も法学部で勉強してデータベース情報を取得するコンピュータが存在しない。記憶媒体によりコピーに必要な時間は異なるが、多くても数時間単位となる。数年単位ではない。

この人間とコンピュータの比較で、人間の脳がいかに大量の情報を正確に記憶する課題に向いていないかということが良く分かる。法学の勉強の目的が条文と判例の暗記である限り、既に人間はコンピュータと比べて圧倒的に負けている。

Asimovの短編の世界では更に、脳の分析技術が進んでいる。「教育の日」の際、若者の脳を分析して、最も適している職業を決める。

その限り、この世界には職業選択の自由がない。弁護士を希望する場合、分析の結果で脳がパイロットに向いていると言われた時点で、弁護士の希望を諦めることになる。

現代でも、法律家に向いている才能を有する者とそうでない者がいると思う。しかし、Asimovの世界と異なり、そのことを法学部に入学する前の時点で確実に判断する手段がない。司法試験で連敗する段階で判明するが、その時には既に多くの時間と費用を無駄に費やしたことになる。

本件短編の主人公は、「教育」に向いてない脳の持ち主と判断され、「精神障害者ホーム」に入ることになる。機械教育を受けない。また、周りの者と異なり、職業にも就かない。子供時代から自主的に勉強して自分の知能に自信がある主人公にして、恥ずかしい限りの判定である。

しかし、結末では、この判定こそ、極めて少数のエリート集団の仲間入りが出来たことが判明する。「精神障害者ホーム」は、実はその世界の大学である。入学する者は10万人に一人しかいない。その天才的な才能の持ち主のみが、自分で考え、皆が機械で覚える学問を開発・改善する役割を果たす。

進学率が0.001%の社会となる。99.999%は、自分で考える能力が不要、自分で勉強することができない、知識・能力について完全に「教育の日」で受けた分しかない、という設定である。法学でいえば、最高裁の判例に従えば良い、という人間が99.999%である。

これでは困る。

法曹は、自分で考える能力がなければ、弁護士としても、裁判官としても、通用しない。

裁判官の場合、自分の良心に従って判断することが要求されている（憲法76条3項）。

仮に、「判例に従えば良い」という姿勢の裁判官で構わないと考えても、判例を書くのは裁判官である。全員が「判例に従う」姿勢で臨む場合、誰が判例を書くか？全員が他人任せで動くことは、理論的にありえない。

また、仮に「判例に従えば良い」という姿勢の裁判官で構わないと考えても、どの事実関係でどの判例に従えば良いのかは、自分で考えるしかない。関係者の証言その他の証拠を評価して、どの事実関係を認定するかについても、自分で考えるしかない。「この証人の証言は信頼できる」を具体的に教えてくれる判例などはない。

法曹の大半は弁護士である。弁護士は依頼人のために闘うことを仕事としている。判例を見て客観的に正解を出すことが仕事ではない。そのため、様々な条文・判例に関する知識を応用して、依頼人が有利になることが活動目的である。単に「判例に従う」という消極的な姿勢では、戦えない。

自分で考える能力、自分で説得力を有する議論を展開する能力こそ、早い段階から学習の目法とする必要がある。

2．法学の魔神

魔法のランプを見つけたと想像してみる。本書が法学学習を問題とするので、その魔法のランプの外形は判例六法とする。

この六法の持ち主は、本書の読者の一人である。18歳の男子学生で、名前は「藤沢学」。趣味は囲碁とポケモンだが、本気で勉強しているため、その趣味に使う時間があまりない。

ある日、憲法の条文力を養成する目的で条文番付の順番で憲法の上位条文を21回連続で書き写した。その時だ。

六法から紫の煙が出た。部屋の天井まで届いたところ、煙が人の形になり、法学の大魔神が現れた。片手に剣、片手に秤を持っている法服姿の男性で、大声で以下のように宣言した。

「ビックリしたか。六法から魔神が出ると思わなかっただろう。今すぐ、望みを選びなさい。」

「選びなさい？」、と藤沢学が聞く。

「はい。三つの選択肢がある。第一は、50万件の判例データベースの情報が、完全に長期記憶に入ること。第二は、法学の勉強と仕事が極めて楽しくなること。第三は、この惑星の誰より、説得力を有する議論を展開する能力を身につけること。選びなさい。」

「難しい。少し考えさしてください。」

「その望みは、リストにありません。さらば。」

魔神が消えた。

藤沢学は、望みを叶えてもらう機会を永久に逸失した。

時間をかけて考えた場合、上記の三つの望みから何を選ぶべきか。

第一の選択肢は、Asimovの小説のように、大量の知識を長期記憶に残すことになる。通常の人間の力では、完全に不可能である。記憶術世界大会優勝者でも、無理である。優秀な学生でも、10万単位で判例を暗記することはできない。100単位で覚えることは可能であるが、それでも完全に暗記するよりは概略を覚えることになる。

Asimovの短編と同様に、一度覚えた判例情報は、その後、更新されない限り、時間の経過とともに、価値が下がることになる。

1848年にJulius von Kirchmannが「法学の学問としての無駄」(Die Werthlosigkeit der Jurisprudenz als Wissenschaft)[69]を発表した。「法学が無駄」の主張の理由の一つは、対象が頻繁に変わることである。太陽を研究している天文学者の場合、数十年・数百年が経過しても、太陽が大きく変わることがない。法学を勉強する法学者の場合、その対象が数年ごとに変わる。

新しい判例が出て、新しい立法が成立する。そのため、法学に関する知識には食料品と同様に賞味期限がある。

すなわち、第一の望みを叶えてもらった後に、新しい判例はその長期記憶にあるデータベースにないので、その価値が時間の経過とともに減ることになる。

第二の望みを選んだ場合、勉強と仕事に関心を持つことになる。既に説明したが、関心は学習効率の鍵である。関心を持って学習すると、一時間当たり長期記憶に残る情報量が増加する。また、楽しいから当然、より長く時間をかけることになる。

さらに、司法試験を上位数パーセントで合格した後に数十

---

69 Wikipedia, Die Werthlosigkeit der Jurisprudenz als Wissenschaft, k-lenz.de/ls34。

年間法曹として活動する間にも、その仕事が楽しくなるので、より多くの時間を投資することになる。その望みを叶えて貰っていない一般の法曹と比べて司法試験の段階で優れているが、その格差が年々、拡大されることになる。

第三の望みは、最も重要な能力を対象とする。弁護士の仕事は、人を説得させることにある。惑星最高の説得力は、当然、最高級の弁護士になることを意味する。

これらの三つの望みの内、第二の方を選ぶべきである。関心があれば、知識と能力が自然についてくる。50万件の判例の暗記という知識の程度は不要である。判例データベースが必要となる場面では、コンピュータを使えばよい。説得力も「惑星最高」ではなく、「最高３％程度」で充分である。

３．定石

「定石」とは、囲碁の専門用語である。碁盤のある隅で打つ手順の内、結果が一方に有利とは言えない手順である。例えば、片方が隅の地、片方が外勢を確保する場合が多い。囲碁の勝敗は、最終的に地が多いかによって決まるが、最初にある隅の地を確保する場合、相手に外に向けての壁を与えて、その壁を巧く利用して相手が後に得することになる。そのため、「定石」と言われる手順で、均衡が保たれることになる。

定石の手順を選ぶと、単独では負けない。

しかし、機械的に定石の手順を選んでも充分とは言えない。

定石の結果が部分的にみてのみ、一方に有利とは言えない。しかし、碁盤全体をみた場合、その限りでない。片方の隅の結果が、碁盤の他の部分の形と合わせて相性が良い場合と相性が悪い場合がある。すなわち、応用能力が必要となる。

定石それ自体については、自分で考える必要があまりない。定石辞典を勉強して、定石を暗記することだけで、その知識がない場合と比べて、勝率が上がる。その際、当該手順の一手一手の理由を理解できるとなお良いが、一応、機械的に定石通りに運ぶだけでも、部分的には問題がない。

しかし、碁盤全体との相性を判断することも必要となる段階では、自分で考える必要が生じる。囲碁は、単に定石辞典などの情報を長期記憶に残すだけでは、強くならない。

判例も同様である。判例に関する知識それ自体も必要だが、応用能力も必要となる。

弁護士が実際に依頼人から相談を受ける場合、判例ができた事件と全く同様の事実関係になることは考えにくい。どこかで異なるはずである。すなわち、相談者の相談内容と判例の相性を判断する必要が常にある。「判例を暗記しました」だけでは、弁護士として勝てない。

個人的な話だが、囲碁に関心があるため、日本に関心を持つようになった。日本語の勉強は、日本語の囲碁の専門書を読みたいという動機で始めた。

日本語には「漢字」がある。その漢字が読めない場合、辞書で引くことになる。しかし「成」のような漢字では、どこで引けば良いのか、分からない。最初は、漢字一つを辞書で発見するにも、30分かかることもあった。アルファベットなら、すぐ引けるのだが。

しかし、当該文書を読みたい強い関心があったため、結局、勉強を続けることになった。「関心が学習効率の鍵である」本書の主張の更なる裏付けとなる経験である。

4．法学関係論文

法学関係の論文、教科書などには、二つの種類の情報が含まれる。

第一は、他人の文書の要約である。判例を話題とする場合、その判例の全文を転載するよりは、概略を説明することになる。条文の内容も説明することがあるが、その場合でも、概略の説明が多い。

第二は、これらの一次資料についての検討である。著者が判例について賛成か、反対か、の二つの可能性がある。反対の場合、どのような理由で反対かも説明する。判例変更を要請することが無理である場合、当該判例の弊害をどのように迂回できるのか、との説明などが、検討内容となる。

一次資料の概略だけで、多くのページを埋めることが可能である。有名な例は、学説彙纂（いさん）[70]である。西暦533年に出来上がったローマ法の学者の学説を概略したものである。300万行を15万行程度に編集した[71]。300万行から出発して15万行に圧縮するだけが課題なら、自分の考えが一つも入らない大作が簡単にできる。

しかし、既存の一次資料の概略のみでは、読者が元の判例・条文を自分で読むこともできるので、論文に独自の価値が少ない。何等かの検討を加えて、初めて独自の意味が生じる。当該検討が有意義であるか否かは別問題であるが、他人の考えを概略するのに終始する論文の存在意義は少ない。

ＩＩ．通常事例方法

通常事例方法は、学習の際に使用すべきである点については、既に説明した。しかし、通常事例方法は、問題事例を議論する際にも、強い武器になる。

抽象的に説明するよりは、先ず、実例を示す。

中絶は、刑事法でも民法でも問題となる。ドイツでは、むしろ民法の判例が多い。2015年現在、2014年11月の高裁判決

---

70 Wikipedia, ローマ法大全、k-lenz.de/k385。

71 Haft, Aus der Waagschaale der Justitia, 2. Aufl. 1990, 80。

[72]が最新のものとなる。

この案件の事実関係は、以下のように説明できる。41歳の原告が産婦人科医（被告）に妊娠の判断を要請した。診療したところ、妊娠していない結果となった。しかし、その診断は誤っていた。当時妊娠6週間であった。後にその誤りが判明したが、既に妊娠15週間の時点であった。

原告は、誤診により中絶の機会を失ったことを主張して、被告に対し、後に生まれた子供の生活費の支払を請求した。

この案件について原告の立場から「通常事例方法」で議論を展開してみる。

医者は、通常の注意で患者に対応しなければならない。盲腸手術で医療過誤が出た場合、医者の責任が成立することは、当然である。産婦人科だからといって、医療過誤について責任免除が成立する理由が何らない。

本件は、「妊娠の確認」が契約上の義務であったが、超音波検査のみに頼り、血液・尿検査を怠った。この初歩的なミスについて責任がなければ、患者が医者を信頼できなくなる。

この議論の仕方は、「通常事例方法」を意識している。すなわち、通常の医者の場合、医療過誤による責任は当然に問われる。その（原告に都合が良い）場合と比較して、同じ扱いを要請することは、「通常事例方法」である。盲腸手術で医者にミスが出た場合に損害賠償責任が成立することについて、疑いの余地がない。後は、本件でなぜ、異なる扱いを正当化できるのか、その理由を問うだけである。

逆に被告の立場から議論を展開する場合、以下のようになる。

中絶を実施した場合、原告の子供が存在しないことになる。原告は自分の子供の存在を損害として考えている。その問題

[72] OLG Oldenburg vom 18.11.2014, k-lenz.de/ls35。

を解決するために、今からその子供を殺害できるか。当然ながら、許されない。その子供の生命権を尊重しなければならない。子供の存在が損害として評価された場合、当該子供の生命権に対する侵害になる。

この議論も「通常事例方法」を意識している。「今から殺害する」ことができないことには、異論の余地がない。中絶の場合、なぜ違うのか。中絶を可能とする法律上の義務を認める場合、その通常事例となぜ異なるか、その理由を問うことになる。

この「通常事例方法」は、文言解釈の一種に過ぎない。

条約に関するウィーン条約31条1項は、解釈について以下のように規定している：

「条約は、文脈によりかつその趣旨及び目的に照らして与えられる用語の**通常の意味**に従い、誠実に解釈するものとする。」

文言解釈は、言葉の通常の意味を確認する作業である。通常の意味を確認するためには、「医療過誤」「生命侵害」の通常の場面での使い方を意識する必要がある。上記の問題事例のように、これらの概念について異論の余地がない事例と比較することが、通常事例方法である。

通常事例方法の利点は、以下のところにある。

説得力を得ることができる。元の通常事例についての判断は明白である。その判断と同様の判断が必要である主張をするので、問題事例についての判断も、自分の都合の良い方向で明白になる。でなければ、相手が異なる扱いの理由を述べなければならない。

さらに、問題事例は場合によって複雑になる。通常事例と比較することにより、簡略化できる。自分も他の関係者も、理解できるようになる。簡単に理解できる分かりやすい議論を展開する目的に、通常事例方法を意識することが貢献することになる。

前の段階で基本的な条文と原則について通常事例を意識して勉強した場合、議論の段階で既に通常事例を想定する能力を養成したことになる。そのためにも、学習の段階で通常事例方法を意識すべきである。

ＩＩＩ．思考法

ドイツでは常識的な思考法として「問題方法」と「ＤＤＮＮ」が指導されている。司法試験でも、その思考法が要請されている。

日本の司法試験では、必ずしも同様であると限らない。その点は、受験生の判断に委ねられている。

しかし、「問題方法」も「ＤＤＮＮ」も、日本でも採用すべきである。客観的な利点があるからである。

最低限でも、これらの思考法を知る必要がある。採用しない場合でも、その点についての判断を意識することになる。

「問題方法」はドイツの法曹として常識であるが、法律を検討する場面だけではなく、日常生活でも議論に使用できる。説得力を得る武器の一つとしても、覚えて損がない思考法である。

１．判決方法と問題方法

ドイツでは司法試験まで「問題方法」を使用するように指導される。ここでは、「問題方法」の意味を説明した上に、その思考法の利点を説明する。

親が子供に向けて「いい加減、ポケモンのゲームを止めて勉強しろ」と命令する場面を想定する。

その場合、一々、その理由を述べない。「なぜなら、勉強しなければ、良い大学に入学できない」などは、言わなくて構わない。

しかし、法律問題を扱う場合、理由を述べる必要がある場面が非常に多い。理由を述べる場合、その理由を先に述べてから結論を述べる順番と逆の順番がありうる。前者は「問題方法」（ドイツ語でGutachtenstil）と呼ぶ。後者は「判決方法」（ドイツ語でUrteilsstil）と呼ぶ。

理由を先に述べる場合、理由と結論の間を「従って」でつなぐ。逆の場合、結論と理由の間を「なぜなら」でつなぐ。すなわち、ドイツの答案に「なぜなら」という言葉が出た時点、その受験生が「問題方法」から逸脱したことが判明する。基本的な思考法を分かっていない、との評価になる。

問題方法には、以下の利点があるため、ドイツでその使用を指導する。

最大の利点は、問題方法がより謙虚である点にある。

結婚を申し込む場面を想定する。「喜べ。来週、君と結婚することにした。なぜなら、確かに美人と言い難いが、知能が優れている。」と言えば、必ずしも喜んでもらえない。

民事訴訟の原告の代理人として活動する弁護士の準備書面を想定する。「原告の請求を認めなさい。なぜなら、確かに最高裁の判例では無理だが、その判例を変更しなさい。なぜなら…」。

この準備書面は、仮に「なぜなら」以降で示した理由に説得力がある場合でも、歓迎されないと思われる。

結婚を申し込む場合、一方的に判断できない。弁護士は、裁判官に命令を出す立場ではない。そのような場面では、判決方法が適切でない。一方的な判断を下す権力を有する裁判官の立場では、適切になる。

逆に、刑事事件の判決で「被告人が忙しいところで恐縮ですが、３年間程度、懲役目的で刑務所に入ることを検討して頂けませんか」のような判決はありえない。「被告人有罪。３年の懲役に処する」という形になる。

２０１１年の原発事故を受けて、ドイツでは３か月以内に、原発を廃止する法律が成立した[73]。日本では、実質的にドイツより先に原発を停止している状況だが、原発廃止の判断を示す法律がない。原発の廃止と維持の立場が対立するところ、原発を維持する立場から議論を展開する場面を想定する。

「原発を廃止すべきか。その場合、放射能による危険の程度を判断しなければならない。更に、当該危険が地球温暖化のリスクより重大であるか否かの判断が必要である」。

この発言した時点では、原発廃止の立場の人から「異議あり」の反論が不可能である。未だ、原発維持の立場を述べていない。単に、議論の対象と検討課題しか述べていない。そのため、検討に入る前に自分の立場が否定され、相手が耳を通過モードにする可能性がない。

逆に、以下のように議論を展開する場合を想定する。

「原発は、当然維持すべきである。原発反対の人は頭が悪くて、問題を正しく判断できない。なぜなら、放射能の危険で騒ぐが、地球温暖化による確実に予測される被害の方が、放射能による定かでない被害より何倍も重大であるからである。そんな簡単なことも分からないので、相当低知能である」。

この発言は「頭が悪い」など挑発的な側面もある。しかし、「当然維持すべき」と言った時点で、反対の立場の人は、「異議あり」と叫ぶことが可能である。その分、後の理由を

[73] Lenz「地球温暖化とその対策―ドイツの最近エネルギー立法と「アジア版Desertec」に関する日本・ＥＵ協力体制、青山法学論集第５３巻第４条（2012年３月）183, 190-196参照。

無視する可能性が大幅に増加する。

従って、「問題方法」の第一の利点は、謙虚である点にある。

さらに、問題方法は結論を最初に伏せている点が、読者の関心を維持する。推理小説と比べて説明してみる。

Agatha Christieの小説は、犯人を最初に説明しない。最後まで読まなければ、謎の正解が明かされない。その分、読者は最後まで読みたくなる。

同様に、問題方法で結論を最後まで明らかにしないことにより、答案の読者の好奇心にアピールできる。また、議論を展開するときに、最初に自分と逆の立場の理由を述べてから、次のページで自分の考えの理由を述べて、最初の印象と逆の立場を結論とすることができる。採点者が偶々自分の考えと逆である場合、逆の立場の理由も配慮する努力を評価することになる。結論を最初から述べる判決方法では、そのことが不可能である。

従って、「問題方法」の第二の利点は、読者の好奇心を維持できる点にある。

更に、「問題方法」では、考えるための時間を稼ぐことができる。

ドイツの法学部のほとんどは、州立大学にある。しかし、例外もある。ハンブルクにある「Bucerius Law School」は、私立大学である。ドイツでは珍しく、だいぶ前から入学試験を実施している。2001年の週刊誌SPIEGELの記事によると、面接試験で「ドイツ国内のガソリンスタンドの数は」という質問もされた[74]。

法学を勉強するために、ガソリンスタンドの数に関する知

[74] Bucerius Law School – „Wir wollen nur die Besten", SPIEGEL, 29.7.2001, k-lenz.de/ls28。

識は不要である。そのため、本件質問の趣旨はについて推測すると、相手が答えを知らない場合の対応を確認するところにある。

就職の面接で「日本国内のガソリンスタンドの数は」と聞かれた場合を想定してみる。更に、その情報が手元にないことも、想定する。どのような対応が可能なのか。

黙秘権を行使して、「馬鹿な質問だな」と考えながら、何も言わないことが可能である。面接試験で必ずしも高く評価されない対応である。

「知りません。関心もありません」と言えば、同じく黙秘権を行使する対応であるが、単に黙秘するよりなお印象が悪くなると思われる。

「2万３４５６です。昨日、暗記しました」と、結論を先に述べることも可能である。結論を先に述る「判決方法」である。しかし、知らないので、適当に言っただけである。嘘である可能性が大きい（ドイツに関しての２０１５年現在の正解は１万４５００前後である）[75]。

問題方法を理解している者ならば、次の対応が可能である。

「ガソリンスタンドの数が問題である。この情報を確認するため、インターネットで検索することができる。また、ドイツの人口8000万人程度から推測することもできる。」

すなわち、問題方法を理解している場合、どの質問に対しても、問題を繰り返して時間を稼いだ後に、検討方法について述べることができる。「知りません」という言葉は、なくなる。

依頼人が弁護士を頼りにしている所に、「知りません」と言われたら、別な弁護士を探すことになる。実際に知らない問題でも、検討の方法ぐらいは、最低限、分かるはずである。

---

[75] k-lenz.de/ls29。

弁護士に交通事故について相談した依頼人が「損害賠償を請求できますか」という場面を想定してみる。

「当然だ。正義の見方・スーパー弁護士の私に依頼すれば、3か月もあれば、その損害賠償債権を回収して見せる」。と威勢よく言ったが、5分後、当該請求は既に消滅時効が完成したことが判明した場合、弁護士としての信頼がなくなってしまう。今まで毎月平均5件の相談を持ってくれた依頼人は、その日限り、二度と来ない。

「不法行為の要件を備えており、その上に立証できる場合に、請求できる」と言った場合、その間違いを回避できた。

すなわち、問題方法を採用する場合、結論を述べる前に検討することになる。検討する過程で、消滅時効の問題に気付く場合、その間違いを回避できる。いかなり結論を述べる場合、その分、間違いが増える。

司法試験の答案を判決方法で書いた場合、途中の検討で結論が逆転した場合、上で書いた結論をすべて消して、逆に書かなければならない。最初から上に結論を書けなければ、その必要もないことになる。

従って、問題方法の第三の利点は、問題方法の方が楽である、ということになる。

２．ＤＤＮＮとＩＴ

この思考法は、ドイツで民法について徹底的に指導される[76]。「ＤＤＮＮ」はドイツ語では「WWWW」となるが、日本語ならば、「誰が、誰に対し、何を根拠に、何を請求するか」という意味になる。ドイツ語では「Wer will was von

[76] Medicus, Bürgerliches Recht, Eine nach Anspruchsgrundlagen geordnete Darstellung zur Examensvorbereitung, 14. Aufl. 1989, § 1.

wem woraus」となるので、「W」の頭文字が並ぶ。

交通事故に遭った被害者Xが弁護士に相談した場合を想定する。その際、「被害者Xが加害者Yに対し、不法行為に基づいて損害賠償を請求できるか」を問答方法で問題提起する場合、それらの全ての要素が含まれる文章になる。

民法の答案の第一行で、この「ＤＤＮＮ」の全ての要素を含む文章で始めることが要請される。その思考法の目的は、当該事件に関係のない事柄の検討を回避するところにある。

逆に「ＩＴ」思考法は、避けるべきである。「いきなり飛びつき」の略である。ある事例をみて、この場合に論点Xが問題になると安易に判断して、いきなりこの論点を検討する思考法である。その場合、当該論点の検討がなぜ必要となるのか、との説明が欠けることになる。

そのことにより、読者（答案採点者）に思考が伝わらない。また、論点Xは実は関係ない場合もある。いきなり飛びつく思考法では、論点Xの必要性についての検討がないことになる。すなわち、いきなり飛びつくことは、その必要性の判断について「判決方法」を使用することになる。

優秀な答案は、必要な答えを提供するが、不要な検討を避ける。どの場合にどの論点が必要となるかという判断も、法律家にして重大な思考能力となる。そのために、理論的に必然性のあるＤＤＮＮ思考法が適切となる。

裁判所が交通事故についての案件で原告の訴えを認めるためには、法律上の根拠を必要とする。その根拠は、「損害賠償義務」を法的効果として定める条文でなければならない。その法的効果に従う判決内容の理由も、請求の法律上の根拠から出発することになる。

逆に訴えを棄却する場合でも、可能性のある請求の法律上の根拠を全て検討して、その条件が欠けていることを説明しなければならない。その場合でも、当該請求の根拠となりうる条文から出発すべきである。

両方の当事者および裁判官がこのような基本構成について認識を共通することにより、議論しやすい利点もある。論点についての意見が対立しても、当該論点の必要性について考えが一致する分、議論の整理が可能となる。

ＤＤＮＮは民法で要請される思考法であるが、他の分野も同様に、条文を出発点にして、法的効果から順番に検討する思考法が必要となる。

Ⅳ．解釈方法

法律の議論は、多くの場合に「法律の解釈」を対象とする。

ならば、「法律の解釈はどのようにすべきか」を総論的に理解する必要もある。

その点について、ドイツでは連邦憲法裁判所の判例[77]がある。文言解釈・体系的解釈・目的的解釈および歴史的解釈の方法を採用すべきことを、判例が要請している。

「法律の解釈方法」は、法理学・法哲学の分野の問題に見える。しかし、憲法問題である。裁判権と立法権の関係を問題とする。裁判官が法律に拘束されている（憲法７６条３項）。ならば、その「法律」の内容を確認する解釈方法は、その拘束力の範囲に直結する。

以下では、解釈方法についてのドイツの常識を題材に、解釈方法について検討してみる。

１．方法論の実益

本書は、法学を効率良く学習することを課題とする。その

---

[77] 連邦憲法裁判所第2法廷 1960 年 5 月２７日決定 k-lenz.de/ls51。

限り、方法論である。

その方法論の実益があるか。

この問題への具体的な答えが難しい。「法学学習戦略」という本を書く著者として、「学習戦略を考えて効率が上昇する」ことは、当然の前提である。しかし、本書を読んで長期記憶に残る情報量が何パーセント上昇するのか。思考力・説得力がどの程度上昇するのか。具体的な測定が困難である上に、個人差も生じる。

明白に言えることは、以下のことだけである。

学習戦略についての検討が必要であるが、肝心の学習それ自体と比べて、時間の投資を抑える必要がある。学習戦略について検討している時間の分、本来の学習の時間が減る。その減る効果より全体の効率が上昇した場合に初めて実益が生じる。そのため、法学学習に投資する時間の総計が多ければ多いほど、学習戦略についての検討が必要となる。

法学部の学生Ａが時間の大半をサークル活動・アルバイト・就活に費やして、講義に出席しないで年間総計100時間（2年間の留年込みで卒業まで総計600時間）を投資した場合を想定する。学習戦略の検討に5時間を投資した場合、その時間が全体の1パーセント程度にもなる。

反面、法学部1年生から司法試験を目指した学生Ｂが年間2,000時間の勉強時間を投資した場合、4年後の卒業まで8,000時間となる。同様に学習戦略を検討するのに5時間を投資した場合、その投資が全体の0.0625パーセントしかない計算になる。

その僅かな投資で一時間当たりの学習効果が少しでも上昇した場合、全体の効率が劇的に上昇することになる。

上記の検討は、「効率」を基準とする。それに対し普通の法学方法論は、「正しい判断」を求めている。

裁判官の立場を前提とする。裁判官がある事件について判断する際、どの方法を採用すべきか。この議論の目的は、「正しい判決」である。当該裁判官が当該判決を書くために30分で済むのか、それとも30時間を必要とするのか、その効率は普通の方法論で対象外となる。

しかし、「正しい」解釈方法にも、最低限の注目が必要である。

法曹の活動の評価は、説得力に依存している。説得力を得るためには、通常の解釈方法を採用する必要がある。

ドイツの弁護士がドイツの裁判所宛に日本語で準備書面を提出しても、理解されない。逆に日本の弁護士がドイツ語で準備書面を提出しても、相手されないことになる。

弁護士が「占星術方法」を採用して、ある解釈問題について議論を展開する根拠として星占いを採用した場合、相手されないことになる。

解釈方法についての常識を覚えることは、最低限、必要である。

その解釈方法に関する常識を次に検討してみる。

２．条約の解釈

日本国憲法には法律の解釈に関する一般規定がない。

法律を解釈することにより、意味の微調整が生じる。その解釈の方法と限度は、立法権と司法権の役割分担の問題である。民主主義、司法権の独立など、憲法上の統治問題である。

しかし、日本国憲法は、法律の解釈について、部分的しか規定していない。ドイツ憲法も、同様である。

その部分的な規定は、「罪刑法定主義」である。法律がなければ処罰ができない、という内容の原則である。その原則から、刑法の解釈についての限界が生じる。罰則がない場合に、有罪判決を下すことができない。罰則の無理な解釈に基づいて有罪判決を下すこともできない。

このように刑法について罪刑法定主義という解釈方法に関する規定があるが、全ての法律の解釈について一般原則を定める規定は、日本の憲法にもドイツの憲法にも備えていない。日本では「法の適用に関する通則法」があるが、この法律にも、「法の適用に関する」一般問題である解釈方法についての規定がない。

それに対し、国際法の重要な手段である条約については、解釈方法に関する規定がある。各国で解釈方法が異なる場合には、統一の解釈を確保できないことになる。その弊害を排除するために、当該規定が必要である。

しかし、条約ではなく国内法を解釈の対象とする場合でも、この規定が出発点として参考になる。以下、この内容を簡単に確認してみる。

条約法に関するウィーン条約31条1項は、解釈について以下のように規定している：

「解釈に関する一般原則」

「条約は、文脈によりかつその趣旨及び目的に照らして与えられる用語の通常の意味に従い、誠実に解釈するものとする。」

「通常事例方法」を検討したところで既に指摘したとおり、解釈は「用語の通常の意味」を確認する作業である。翻訳と共通するところがある。ある文書を英語から日本語に翻訳したい場合、当該文書で使用されている単語の通常の意味を把握した上に、当該通常の意味に最も近い日本語の単語を選ぶ。元の通常の意味を理解できない場合、辞書を開いて確認する。

さらに「文脈により」解釈すべき、と上記31条が要求している。翻訳の場合でも、文脈によって同じ言葉の意味が異なることは、良くある現象である。

例えば、英語でpracticeと言えば、「実践」の意味もあるが、「練習」の意味もある。その二つの可能性からどの意味として理解すべきか。その問題は文脈を見て決まる。

「毎日、法律の解釈の練習を重ねると、解釈能力が上昇する」という文章は意味が通る。「毎日、法律の解釈の実践を重ねると、解釈能力が上昇する」という文章は、意味が通らない。逆に「このことは理論上正しいが、練習では役に立たない」という文章も、意味が通らない。

条約の「文脈からの解釈」は、周りの言葉をみるだけではない。A説とB説が対立して、A説を採用する場合、条約の別な規定と矛盾が発生する場合、当該矛盾を回避するB説を採用することは、「文脈により」解釈する方法である。

また、A説を採用すれば、別な条文があってもなくても同じことになる、別な条文が不要となる場合でも、その結果を回避するB説を採用することも、「文脈により」解釈する方法である。

更に「趣旨および目的」に照らして解釈することが要請されている。A説とB説が対立して、A説を採用する場合、解釈対象の規定の目的を達成できないが、B説を採用することで目的を達成できる場合、B説を採用することになる。

解釈対象となる規定の目的が明白であることが前提である。そのため、客観的には当該規定の目的ではないが、自分の考えに都合の良い目的を前提とする危険性がある。

この三つの解釈方法は、「文言解釈」「体系的解釈」「目的的解釈」と呼ぶことができる。さらに「歴史的解釈」について、次の32条に以下のような規定が置かれている。

「補足的な解釈方法

前条の規定の適用により得られた意味を確認するため又は

次の場合における意味を決定するため、補足的な解釈方法（条約の準備作業および条約の締結の際の事情を含む）を採用することができる。

（a）前条の規定による解釈によっては意味が曖昧又は不明確である場合

（b）前条の規定による解釈により明らかに常識に反した又は不合理な結果が得られた場合。」

この「歴史的解釈方法」は、条約の文言以外の情報を根拠とする。草案、草案を議論する際の委員の発言、草案を議論した当時の背景などである。

条約以外の情報を根拠とする分、「補足的」な解釈方法である。文言解釈で明白な結論が出たら、歴史的解釈で逆に判断することは許されない。

３．ドイツ法における解釈方法

ドイツ法では、一般的に認められている法律の解釈方法が上記の条約規定と概ね同様である。

条約の場合と異なって、ドイツ憲法には解釈方法に関する明白な規定がない。しかし、判例はこの点についての判断を示している。

ドイツの連邦憲法裁判所は、複数の判例で解釈方法について言及している。その内、以下の判例[78]は、引用回数も特に多いため、注目に値する。

Ａさんは、高級車を使って外国に移動した。ドイツに戻る際、車のトランクに置いてあった産品について申告しなかったが、税関でこのことが判明して、Ａは密輸の罪に問われた。

犯罪ではあるが、責任が重いとは言えない。この事件を担当した裁判官は、比較的軽い罰金刑を言い渡すつもりであっ

[78] 連邦憲法裁判所第2法廷1960年5月２７日決定k-lenz.de/ls51。

た。

しかし、当時の租税手続法401条により、「犯罪の手段」に使った高級車も没収処分の対象としなければならない。その点について、裁判所の判断の裁量を認めない規定であった。

現在の日本円の感覚で、５万円の罰金の上、１０００万円の高級車の没収処分になる。その結果、罰金として適切と判断している５万円の２００倍、没収処分が厳しいことになる。しかも裁判所に判断の余地を与えないから、その没収処分を必ず言い渡さなければならない。

この事件を担当した裁判所は、この状況が憲法上の相当性の原則を侵害する、と考えていた。しかし、日本と異なり、ドイツでは原則として違憲審査権が連邦憲法裁判所のみにある。

日本国憲法81条の違憲審査権は、下級審も有する。そのため、同じ条文について東京地方裁判所が違憲判決を出した次の日に、大阪地方裁判所が合憲判決を言い渡す可能性がある。また、苦労して選挙で勝って、その過半数で成立させた法律に対し、裁判官なら誰でも違憲・無効として扱う権限が成立する分、民主主義における議会の地位が弱く、司法権の地位が強くなる。

ドイツでは、その点について原則は逆に判断している。連邦憲法裁判所以外は、違憲審査権がない。違憲審査権がないので、本件のように他の裁判所がある法律について違憲と考えたときに、連邦憲法裁判所に事件の記録を送って、「違憲判決を下してください」と要請することになる。

但し、その原則の例外もある。ドイツ憲法より以前に制定された法律については、その限りでない。特にナチ時代に制定された非法治国家的な立法ならば、すべての裁判官にそれを無効とする権限が認められる。

本件で問題となった租税手続法401条は、1931年の立法で、憲法の制定（1949年）よりは以前である。

しかし、その憲法制定の後の租税法分野の改正に基づいて、立法者が黙示的に401条も再確認したという理解も可能である。

この点についての解釈の際、連邦憲法裁判所が以下のように述べている（翻訳は私による）：

「解釈のため、規定の文言からの解釈（文言解釈）、規定の文脈からの解釈（体系的解釈）、規定の目的からの解釈（目的的解釈）および規定の制定資料および制定史からの解釈（歴史的解釈）を採用できる。

立法者の客観的な意思を把握するため、これらの全ての解釈方法が許される。相互を排除するものではない。相互を補完するものである。立法資料が立法の客観的な意味を確認するために役に立つ限り、その立法資料についても同様である。但し、法律の制定に向けての作業は、慎重に、原則として補完的にのみ、使用すべきである。」

本件判例は、これらの解釈方法を適用して、本件では立法者が租税手続き法401条を再確認していない理解を示した。そのため、本件規定について、下級審も違憲審査権を有することになった。そのため、連邦憲法裁判所への付託が不適法となった。

上記の解釈方法がドイツでの常識である。国際条約の解釈に関する基準と結果が同様である。ドイツ憲法に明白な規定はないが、結論は共通である。

文言解釈、体系的解釈、目的的解釈、歴史的解釈の各方法が可能である。その内、歴史的解釈が他の解釈方法と対立する場合、他の解釈方法が優先する。

４．日本法における解釈方法

日本でもドイツと同様に、憲法に解釈に関する一般規定がない。刑法分野に限定される罪刑法定主義のみがある。

民法に限定される解釈原則は、民法2条にある。以下のような規定である。

「この法律は、個人の尊厳と両性の本質的平等を旨として、解釈しなければならない。」

憲法13条（個人の尊厳）および14条・２４条（両性の本質的平等）を配慮して民法を解釈することを要請している。しかし、「憲法を配慮して民法を解釈する」要請は、これらの人権保障に限っているわけではない。

三菱樹脂判例以降、日本の判例はドイツと同様に、人権の私人間効力について「間接効力」の考えを採用している。国民同士の関係では、憲法が保障する人権が民法の解釈の際に配慮すべきである、との考えである。正に、民法2条が一部の人権について要求していることが、他の人権保障についても妥当する。

例えば、日産事件[79]で就労規則に基づいて男性の定年年齢を55歳にして、女性の定年年齢を50歳とした。当該男女差別を民法90条（良俗違反）で無効とした最高裁判例は、民法2条を根拠として引用した。労働法では国民と国家の関係が問題とならない。しかし、企業と労働者の関係でも、民法の解釈を行う際に、憲法が定める男女差別の禁止を配慮しなければならない。

このように民法を憲法が保障する人権に合わせて解釈しなければならない。しかし、このことは単に解釈の対象を拡大しているだけである。今度は、肝心の憲法の規定をどのように解釈すべきか、という問題が生じる。結局、解釈方法に関

[79] Wikipedia、日産自動車事件、k-lenz.de/ls60。

する基準が必要となる。

私が現在把握している限り、ドイツの上記連邦憲法裁判所判例のように、明白に解釈方法を列挙して、その優劣順番についても判断を示す判例は、日本にない。

そのため、学説を調べる必要が生じる。

V．言語能力

司法試験では論文を書くことが要請されている。高い点数を確保するためには、知識と能力が必要である。

能力の一つは、言語能力である。法律以外の問題についても優れた論文を書く能力があれば、当然、有利になる。

そのため、必要な知識・思考力を備えた上に、言語能力も養成しなければならない。上位数パーセントを目標とする場合、必然である。

1．分かりやすい文章

分かりやすい文書を書くことが難しい課題である。

弁護士の仕事は、人を説得させることにある。口頭で弁論することもあるが、書面で議論を展開することも多い。

相手が当該文書を理解できない場合、説得することが不可能である。理解できる場合に説得力がないこともありうるが、理解できない文書に説得力はありえない。

著作権法47条の５の1項は、その点を理解するために、優れた題材である。以下の文言の規定である。

「送信の障害の防止等のための複製)

第四十七条の五

自動公衆送信装置等（自動公衆送信装置及び特定送信装置（電気通信回線に接続することにより、その記録媒体のうち特定送信（自動公衆送信以外の無線通信又は有線電気通信の送信で政令で定めるものをいう。以下この項において同じ。）の用に供する部分（第一号において「特定送信用記録媒体」という。）に記録され、又は当該装置に入力される情報の特定送信をする機能を有する装置をいう。）をいう。以下この条において同じ。）を他人の自動公衆送信等（自動公衆送信及び特定送信をいう。以下この条において同じ。）の用に供することを業として行う者は、次の各号に掲げる目的上必要と認められる限度において、当該自動公衆送信装置等により送信可能化等（送信可能化及び特的送信をし得るようにするための行為で政令で定めるものをいう。以下この条において同じ。）がされた著作物を、当該各号に定める記録媒体に記録することができる。」

この文書は分かりにくい。その原因は、途中でカッコ書きを挿入している点にある。ロシア人形のように、3段階までのカッコ書きを使用して読者苛めを図る。意味を解読するには相当な努力が必要となる。「以下の各号の条件で、自動公衆送信のために複製ができる」という意味である。ウェブサイトの情報をバックアップするための複製である。

上記のような文章は、書くべきでない。読者が理解できなければ、読者が説得されることは不可能である。

また、この文章の書き方は、横柄で読者を侮辱する態度を示す。「お前は、分かりやすい説明の努力を必要としない相手だ。頭の良い俺の理解に苦労しろ」と言っているような態度である。司法試験の採点者相手に、避けたい態度である。

分かりやすい文章は、短い方が良い。上記の文章は長い。主語は「業として行う者」である。その主語が姿を現すまで、文章が延々とカッコ書きで6行半も続く。

上記の文章を読み上げることは、難しい。その読み上げた文章を聞いて理解することも困難である。この文章は長いだけではない。3段階のカッコ書きで基本構造が複雑となることも原因である。

短い文章を目指す場合、不要な言葉を削除する必要がある。

上記の文章では、カッコに入っている部分は、別なところに移動すれば良い。この部分は「自動公衆送信装置等」の概念の定義である。ウェブサイトをインターネットに掲載するための装置である。予備複製を認めることが本件文章の主な役割である。定義をこの文書に詰め込む実益がない。

司法試験の採点者は、上記のような難解な文章を見て、気分が悪くなる。1000枚も答案を処理しなければならない。その状況で、読者を苛めるような悪文に遭遇すると、それだけで大幅減点になる。

司法試験の採点者は、分かりにくい文章の砂漠の中で、分かりやすい文章のオアシスに辿り着いた場合、幸せな気分になる。幸せな気分になった採点者が高い点数を付けることは、自然の法則である[80]。

弁護士として準備書面を裁判所に出す。裁判官がこの準備書面を読んだときに、上記のような悪文に遭遇すると、それだけでこの議論で説得されることが困難となる。

弁護士として準備書面を裁判所に出す。分かりやすい文章なら、裁判官がその文章を理解する。理解した上に、説得される可能性が生じる。

分かりやすい文章で間違ったことを書いても、評価されない。分かりやすい文章で司法試験の出題と関係がない議論を展開しても、評価されない。分かりやすい文章だけでは上位数パーセントの成績は確保できない。そのための必要条件で

---

[80] Haft, Einführung in das juristische Lernen, 7. Aufl. 2015, 418-420 参照。

はあるが、それだけでは足りない。

更に修辞学の理解・迫力と熱意が必要である。

２．修辞技法

修辞学（Rhetoric）は、説得力の技術である。

法律家の仕事は人を説得させることにある。そのため、説得力の技術を勉強することは、能力を養成する過程で必要となる。

修辞学で検討される武器が多い。ドイツ語のWikipediaでは、140件以上の修辞技法が列挙されている[81]。日本語記事[82]でも、30件前後である。

本書では、その多くの候補から法律家に特に必要なものを選んで検討する。その際、上記の思考法との関連を強調する。

最重要な技法は、「Concessio」[83]である。ラテン語であるが、ドイツで修辞学の用語として使う。意味は「認容」である。

この技法は、自分の立場に対立する考え方の理由を検討する。

一方的に自分の説に都合の良いことだけを言うより、反対の立場の最も強い理由を敢えて述べる。その最も強い理由に対して反論を展開する。

この技法は単独でも重要である。反対意見の理由を無視する議論を展開する場合、説得力がない。

しかし、問題方法と併用すると、なお迫力がでる。問題方法では、結論を最後しか述べない。先に自分と逆の立場の理由を述べる場合、読者（論文試験の採点者）は一見、逆の結

---

81 Wikipedia, Liste rhetorischer Stilmittel, k-lenz.de/ls54。

82 Wikipedia, 修辞技法, k-lenz.de/ls55。

83 Wikipedia, Concessio, k-lenz.de/ls56。

論を期待することになる。次のページで当該理由に反論して結果としてその期待が裏切られることになる。

推理小説の著者が読者の推理と全く異なる結末を用意するのと同様に、読者は予測できない展開を好む。最初から結論を予測できる答案よりは、優秀と判断したくなる。特に採点者も偶々、当該論点について受験生と逆の立場を支持している場合、一方的な議論より「認容」を意識する議論を評価することになる。

「Concessio」に近い技法は、「Permissio」[84]である。「Permissio」も、ラテン語であるが、「許可」を意味する。

この技法は、特に弁護士のように権力を有しない法律家が従来の判例の変更を要請する場合に有効である。具体例で説明してみる。

私は、数ある最高裁判所の憲法判例の内、警察予備隊事件[85]が最悪であると確信している。この判例は、ドイツ法と逆に、日本では抽象的違憲審査訴訟が不適法である、との判断を示した。

「許可」技法を意識して反論する場合、次のような議論を展開する。

「抽象的違憲審査を不適法と考えることも可能である。そのように考える場合、憲法訴訟を提起したい当事者は、無理やりに「事件」を起こす必要が生じる。違憲審査の対象にしたい規定が罰則である場合、当該罰則に違反して、犯罪を犯すことが必要となる。すなわち、抽象的違憲審査が不適法ならば、国民は犯罪を犯す必要が生じる。」

「許可」技法は、上記の反論の最初の行にある。「と考えることも可能である」ことは、「どうぞ、最高裁の考えに従

---

84 Wikipedia, Permissio, k-lenz.de/ls57。

85 最高裁1950年2月1日大法廷判決、k-lenz.de/ls58。

ってみてください」と許可を与えている。その後の議論は、その立場から生じる不都合な結果を指摘している。

「Permissio」（許可）技法は、「Praeteritio」[86]の技法と併用することにより、なお効果的である。特に警察予備隊事件に反対する立場のように、判例・通説に対する少数説を展開する場合に、有効と思われる。

「Praeteritio」もラテン語である。「省略する」との意味である。

上記の反論を「省略する」技法を追加すると、以下のようになる。

「抽象的違憲審査を不適法と考えることも可能である。最高裁判例の立場であるから、この立場にいまさら反論することには余り意味がない。判例変更がない限り、この点はもはや変わらない。最高裁判例であるので、当然の前提とするしかない。この当然の前提で考える場合、国民は憲法訴訟を提起したい場合、無理矢理に「事件」を起こす必要が生じる。憲法訴訟の対象にしたい規定が罰則である場合、国民がますその罰則を侵害して犯罪を犯してからでなければならない。最高裁判例は国民に犯罪を犯すことを要請している。」

「反論する意味がない」・「反論できない」などを言って、実は反論していることが「Praeteritio」の技法である。権力のない立場は謙虚でなければならない。謙虚を建前に、実際は権力に対抗している際に、効果的な技法である。

より単純な例でこの技法を説明してみる。ある記者が政治家に対して「大変失礼な質問になりますので、先生がX社から2000万円の賄賂を貰ったことは、ここで黙っておくべきと思いますが、先生も黙っておくべきとお考えですか？」と質問した場合、「賄賂」の主張と「それは失礼だから黙ってお

---

86 Wikipedia, Praeteritio, k-lenz.de/ls59。

くべき」部分がある。後者の方は「省略」技法である。「黙っておく」と言いながら、立派に「賄賂」を指摘している。

次に、今までの技法と同様に問題方法と相性が良い技法として、「修辞疑問文」（Rhetorische Frage）である。

問題だけ提起して、答えが自明であるために答えを出さないのが通常の使い方である。上記の警察予備隊判例反論に最後に「国民に犯罪を犯すように要請すべきか」と追加すれば、その技法の簡単な使用例になる。

答えが自明であるから省略できる場合は、通常事例である。そのため、議論を展開する手段として通常事例方法を使う場合、この技法との相性が良いことになる。

しかし、仮にその答えが自明でない場合でも、修辞学疑問文は有効な技法である。

３．迫力と熱意、気合い　「I fight」。

世界一有名な弁護士は、実在しない。

Erle Stanley Gardnerの小説の主人公であるPerry Mason[87]である。Gardnerは、20世紀のアメリカ作家で最大売上を記録した。その中のPerry Masonを主人公とする８０以上の小説・短編が最も知られている。

最初の小説「The Case of the Velvet Claws」は1933年に発表された。最初の15年間で2800万部を突破した[88]。

この最初の小説で主人公の性格を描いている。弁護士としての方針は、Masonの以下の発言で要約されている。「I fight」（私は、戦います）。

アメリカの刑事訴訟は、当事者の戦いとしての側面が強い。Masonは、その状況のなかで、依頼人のために全力で戦うこ

---

87 Wikipedia, Perry Mason,　k-lenz.de/ls52参照。

88 AmazonのErle Stanley Gardnerページ, k-lenz.de/ls53参照。

とを使命としている。その際、法律の解釈よりは、事実認定の段階の戦いとなる。警察の捜査を補って、探偵と協力して真犯人を暴露することにより、無罪であるMasonの依頼人に対する無罪判決を勝ち取る。

弁護士の職業活動は、格闘技である。将来の弁護士である司法試験の受験生も、戦う姿勢が問われる。

格闘技の側面がある限り、気合・熱意・迫力が必要となる。

試験勉強の際にも気合を入れる必要がある。しかし、受験それ自体も、気合を入れる必要がある。

完璧な答案を書く必要はない。周りの受験生も、完璧な答案書くことができない。

集団が森で熊に襲われた状況では、熊より早く逃げる必要がない。周りの他の者より早く逃げれば充分である。

それに成功すれば、その他人が熊に襲われる。その間に、確実に逃げ切ることが可能である。

同様に、受験の場合では、出題者より分かる必要がない。他の受験生の大半より分かれば充分である。

しかし、熊に追われて全力で走ることになる。同様に、出題者に追われて全力で走るべきである。

受験の直前および途中では、受験勉強を一時停止すべきである。本番に全力で集中することが目的である。受験の前の日、朝3時まで勉強しても、これで得られる追加的な知識が少ない。失う体力・集中力・気合のマイナス側面が大きい。

受験中の気合が勝利の重大要素である。日頃の勉強で、それを確保するための戦略も必要となる。

幸い、本書で主張する基本方針は、この目的にも自動的に貢献している。

日頃、条文番付を意識して基本知識を確保すべきである。この姿勢で勉強して各科目の基本知識を確実に抑えている者は、自信をもって試験に臨むことができる。知識で答えが確実に出る分、自分で考える必要がある部分で気合を入れることができる。

日頃、自分で問題を考える姿勢で勉強に臨むべきである。この姿勢で勉強する者は、試験本番でも自分の考えで戦うことになる。

日頃、勉強意欲とやる気を確保するため、間違った判例を特に集中的に勉強して反論する姿勢で臨むべきである。この姿勢で勉強する者は、受験の場面でも気合を入れて戦うことになる。理想的にいけば、勉強が楽しくなると同様に、受験も楽しい経験となる。

F．条文番付

I．番号のみ

有斐閣の2015年度判例六法「Professional」を基準に、条文番付を実際に行った。民法、憲法、刑法、会社法、民事訴訟法、刑事訴訟法について、番付を調べてみた。

その結果の番付を、以下に掲載する。二つの形を採用する。

第一は、条文番号のみを掲載する。法律のタイトルも省略する。どの番付がどの法律か、読者の課題として残す。ある程度勉強した者なら、簡単に正解できると思われる。

なお勉強量の多い読者は、上位の条文の番号だけみて、その内容も分かるはずである。実力を試して、一部の条文について番号だけ見て内容が分からない場合、学習の優先対象にすればよい。

法律A

423条

831条
356条
828条
429条
830条
361条
433条
2条
847条
362条
28条

法律B
21条
14条
13条
81条
29条
20条
76条
15条
22条
28条
32条
89条
38条
73条
35条

法律C

709条

177条

424条

90条

110条

94条

1条

719条

715条

162条

95条

415条

703条

145条

416条

467条

493条

612条

722条

34条

295条

478条

法律D

235条

60条

38条

252条

246条

159条

54条

43条

256条

19条

36条

62条

95条

247条

249条

6条

230条

162条

233条

236条

197条

法律E

312条

256条

317条

335条

321条

319条

197条

411条

458条

218条

39条
230条
435条
198条
20条
378条
401条
400条

法律F

134条
220条
114条
247条
30条
338条
40条
118条
39条
246条
29条
149条
124条
142条
267従
115条
248条
23条
47条

143条
157条
179条
42条
97条
318条

II．条文のみ

同様に2015年度の有斐閣判例六法「Professional」を基準とした番付で、今度は、条文の文言だけ番付順に掲載して、条文の番号を省力する。逆に、内容を見て番号が分かるか否かの確認ができる。

また、上位の条文を読み直すこと自体は、条文力を上げるために役立つと思われる。

条文の文言は、政府サイト[89]から取り寄せたが、データーを単に複製・貼り付けしていない。条文を書き写した（自分の勉強にもなる理由で）。そのため、書き写しに不備が残る可能性もある。また、憲法の一部の古い平仮名の使い方を採用しないで、現代語に変更したところもある。

憲法

集会、結社および言論、出版その他一切の表現の自由は、これを保障する。

２　検閲は、これをしてはならない。通信の秘密は、これを侵してはならない。

すべて国民は、法の下に平等であって、人種、信条、性別、社会的身分又は門地により、政治的、経済的又は社会的関係

[89] 電子政府の総合窓口e-Gov、law.e-gov.go.jp。

において、差別されない。

　２　華族その他の貴族の制度は、これを認めない。

　３　栄誉、勲章その他の栄典の授与は、いかなる特権も伴はない。栄典の授与は、現にこれを有し、又は将来これを受ける者の一代に限り、その効力を有する。

　すべて国民は、個人として尊重される。生命、自由及び幸福追求に対する国民の権利については、公共の福祉に反しない限り、立法その他の国政の上で、最大の尊重を必要とする。

　最高裁判所は、一切の法律、命令、規則又は処分が憲法に適合するかしないかを決定する権限を有する終審裁判所である。

　財産権は、これを侵してはならない。

　２　財産権の内容は、公共の福祉に適合するやうに、法律でこれを定める。

　３　私有財産は、正当な補償の下に、これを公共のために用ひることができる。

　信教の自由は、何人に対してもこれを保障する。いかなる宗教団体も、国から特権を受け、又は政治上の権力を行使してはならない。

　２　何人も、宗教上の行為、祝典、儀式又は行事に参加することを強制されない。

　３　国及びその機関は、宗教教育その他いかなる宗教活動もしてはならない。

　すべて司法権は、最高裁判所及び法律の定めるところにより設置する下級裁判所に属する。

2　特別裁判所は、これを設置することができない。行政機関は、終審として裁判を行うことができない。

3　すべて裁判官は、その良心に従い独立してその職権を行い、この憲法及び法律にのみ拘束される。

公務員を選定し、及びこれを罷免することは、国民固有の権利である。

2　すべて公務員は、全体の奉仕者であって、一部の奉仕者ではない。

3　公務員の選挙については、成年者による普遍選挙を保障する。

4　すべて選挙における投票の秘密は、これを侵してはならない。選挙人は、その選択に関し公的にも私的にも責任を問われない。

何人も、公共の福祉に反しない限り、居住、移転及び職業選択の事由を有する。

2　何人も、外国に移住し、又は国籍を離脱する自由を侵されない。

労働者の団結する権利及び団体交渉その他の団体行動をする権利は、これを保障する。

何人も、裁判所において裁判を受ける権利を奪われない。

公金その他の公の財産は、宗教上の組織若しくは団体の使用、便益若しくは維持のため、又は公の支配に属しない慈善、教育若しくは博愛の事業に対し、これを支出し、又はその利用に供してはならない。

何人も、自己に不利益な供述を強要されない。
２　強制、拷問若しくは脅迫による自白又は不当に長い抑留若しくは拘禁された後の自白は、これを証拠とすることができない。
３　何人も、自己に不利益な唯一の証拠が本人の自白である場合には、有罪とされ、又は刑罰を科せられない。

内閣は、他の一般行政事務の外、左の事務を行う。
一　法律を誠実に執行し、国務を総理すること。
二　外交関係を処理すること。
三　条約を締結すること。但し、事前に、時宜によっては事後に、国会の承認を経ることを必要とする。
四　法律の定める基準に従い、官吏に関する事務を掌理すること。
五　予算を作成して国会に提出すること。
六　この憲法及び法律の規程を実施するために、政令を制定すること。但し、政令には、特にその法律の委任がある場合を除いては、罰則を設けることができない。
七　大赦、特赦、減刑、刑の執行の免除及び復権を決定すること。

何人も、その住居、書類および所持品について、侵入、捜索及び押収を受けることのない権利は、第三十三条の場合を除いては、正当な理由に基づいて発せられ、且つ捜索する場所および押収する物を明示する令状がなければ、侵されない。
２　捜索または押収は、権限を有する司法官憲が発する格別の令状により、これを行う。

民法

（不法行為による損害賠償）

故意または過失によって他人の権利又は法律上保護される利益を侵害した者は、これによって生じた損害を賠償する責任を負う。

（不動産に関する物権の変動の対抗要件）

不動産に関する物権の得喪及び変更は、不動産登記法（平成十六年法律百二十三号）その他の登記に関する法律の定めるところに従いその登記をしなければ、第三者に対抗することができない。

（詐害行為取消権）

債権者は、債務者が債権者を害することを知ってした法律行為の取消を裁判所に請求することができる。ただし、その行為によって利益を受けた者又は転得者がその行為又は転得の時において債権者を害する事実を知らなかったときは、その限りでない。

２　前項の規定は、財産権を目的としない法律行為については、適用しない。

（公序良俗）

公の秩序又は善良の風俗に反する事項を目的とする法律行為は、無効とする。

（権限外の行為の表見代理）

前条本文の規定は、代理人がその権限外の行為をした場合において、第三者が代理人の権限があると信ずべき正当な理由があるときについて準用する。

（虚偽表示）

相手方と通じてした虚偽の意思表示は、無効とする。

２　前項の規定による意思表示の無効は、善意の第三者に対抗することができない。

（基本原則）

私権は、公共の福祉に適合しなければならない。

２　権利の行使及ぶ義務の履行は、信義に従い誠実に行わなければならない。

３　権利の濫用は、これを許さない。

（共同不法行為の責任）

数人が共同の不法行為によって他人に損害を加えたときは、各自が連帯してその損害を賠償する責任を負う。共同行為のうちいずれの者がその損害を加えたかを知ることができないときも、同様とする。

２　行為者を教唆した者及び幇助した者は、共同行為者とみなして、前項の規定を適用うる。

（使用者等の責任）

ある事業のために他人を使用する者は、被用者がその事業の執行について第三者に加えた損害を賠償する責任を負う。ただし、使用者が被用者の選任及びその事業の監督について相当の注意をしたとき、又は相当の注意をしても損害が生ずべきであったときは、この限りでない。

２　使用者に代わって事業を監督する者も、前項の責任を負う。

３　前二項の規定は、使用者又は監督者から被用者に対する求償権の行使を妨げない。

（所有権の取得時効）

二十年間、所有の意思をもって、平穏に、かつ、公然と他人の物を占有した者は、その所有権を取得する。

２　十年間、所有の意思をもって、平穏に、かつ、公然と他人の物を占有した者は、その占有の開始の時に、善意であり、かつ、過失がなかったときは、その所有権を取得する。

（錯誤）

意思表示は、法律行為の要素に錯誤があったときは、無効とする。ただし、表意者に重大な過失があったときは、表意者は、自らその無効を主張することができない。

（債務不履行による損害賠償）

債務者がその債務の本旨に従って履行をしないときは、債権者は、これによって生じた損害の賠償を請求することができる。債務者の責めに帰すべき自由によって履行をすることができなかったときも、同様とする。

（不当利得の返還義務）

法律上の原因なく他人の財産又は労務によって利益を受け、そのために他人に損失を及ぼした者（以下この章において「受益者」という。）は、その利益の存する限度において、これを返還する義務を負う。

（時効の援用）

時効は、当事者が援用しなければ、裁判所がこれによって裁判をすることができない。

（損害賠償の範囲）

債務の不履行に対する損害賠償の請求は、これによって通常生ずべき損害の賠償をさせることをその目的とする。

２　特別の事情によって生じた損害であっても、当事者がその事情を予見し、又は予見することができたときは、債権者は、その賠償を請求することができる。

（指名債権の譲渡の対抗要件）

指名債権の譲渡は、譲渡人が債務者に通知をし、又は債務者が承認をしなければ、債務者その他の第三者に対抗することができない。

２　前項の通知又は承諾は、確定日付のある証書によってしなければ、債務者以外の第三者に対抗することができない。

（弁済の提供の方法）

弁済の提供は、債務の本旨に従って現実にしなければならない。ただし、債権者があらかじめその受領を拒み、又は債務の履行について債権者の行為を要するときは、弁済の準備をしたことを通知してその受領の催告をすれば足りる。

（賃借権の譲渡及び転貸の制限）

賃借人は、賃貸人の承諾を得なければ、その賃借権を譲り渡し、又は賃借物を転貸することができない。

２　賃借人が前項の規定に違反して第三者に賃借物の使用又は収益をさせたときは、賃貸人は、契約の解除をすることができる。

（損害賠償の方法及過失相殺）

第四百十七条の規定は、不法行為による損害賠償について準用する。

２　被害者に過失があったときは、裁判所は、これを考慮して、損害賠償の額を定めることができる。

（法人の能力）

法人は、法令の規定に従い、定款その他の基本約款で定められた目的の範囲内において、権利を有し、義務を負う。

（留置権の内容）

他人の物の占有者は、その物に関して生じた債権を有するときは、その債権の弁済を受けるまで、その物を留置することができる。ただし、その債権が弁済機にないときは、この限りでない。

２　前項の規定は、占有が不法行為によって始まった場合には、適用しない。

（債権の準占有者に対する弁済）

債権の準占有者に対してした弁済は、その弁済をした者が善意であり、かつ、過失がなかったときに限り、その効力を有する。

刑法

(窃盗）

他人の財物を窃取した者は、窃盗の罪とし、十年以下の懲役又は五十万円以下の罰金に処する。

(共同正犯）

二人以上共同して犯罪を実行した者は、すべて正犯とする。

（故意）

罪を犯す意思がない行為は、罰しない。ただし、法律に特別の規定がある場合は、この限りでない。

２　重い罪に当たるべき行為をしたのに、行為の時にその重い罪に当たることとなる事実を知らなかった者は、その重い罪によって処断することはできない。

３　法律を知らなかったとしても、そのことによって、罪を犯す意思がなかったとすることはできない。ただし、情状により、その刑を減軽することができる。

（横領）

自己の占有する他人物を横領した者は、五年以下の懲役に処する。

２　自己の物であっても、公務所から保管を命ぜられた場合において、これを横領した者は、前項と同様とする。

（詐欺）

人を欺いて財物を交付させた者は、十年以下の懲役に処する。

２　前項の方法により、財産上不法の利益を得、又は他人にこれを得させた者も、前項と同様とする。

（私文書偽造等）

行使の目的で、他人の印章若しくは署名を使用して権利、義務若しくは事実証明に関する文書若しくは図画を偽造し、又は偽造した他人の印章若しくは署名を使用して権利、義務若しくは事実証明に関する文書若しくは図画を偽造した者は、三月以上五年以下の懲役に処する。

2　他人が押印し又は署名した権利、義務又は事実証明に関する文書又は図画を変造した者も、前項と同様とする。

3　前二項に規定するもののほか、権利、義務又は事実証明に関する文書又は図画を偽造し、又は変造した者は、一年以下の懲役又は十万円以下の罰金に処する。

（一個の行為が二個以上の罪名に触れる場合等の処理）

一個の行為が二個以上の罪名に触れ、又は犯罪の手段若しくは結果である行為が他の罪名に触れるときは、その最も重い刑により処断する。

2　第49条第二項の規定は、前項の場合にも、適用する。

（未遂減免）

犯罪の実行に着手してこれを遂げなかった者は、その刑を減免することができる。ただし、自己の意思により犯罪を中止したときは、その刑を減軽し、又は免除する。

（盗品譲受け等）

盗品その他財産に対する罪に当たる行為によって領得された物を無償で譲り受けた者は、三年以下の懲役に処する。

2　前項の規定する物を運搬し、保管し、若しくは有償で譲り受け、又はその有償の処分のあっせんをした者は、十年以下の懲役及び五十万円以下の罰金に処する。

（没収）

次に掲げる物は、没収することができる。

一　犯罪行為を組織した物

二　犯罪行為の用に供し、又は供しようとした物
三　犯罪行為によって生じ、若しくはこれによって得た物又は犯罪行為の報酬として得た物
四　前号に掲げる物の対価として得た物
２　没収は、犯人以外の者に属しない物に限り、これをすることができる。ただし、犯人以外の者に属する物であっても、犯罪の後にその者が情を知って取得したものであるときは、これを没収することができる。

（正当防衛）
急迫不正の侵害に対して、自己又は他人の権利を防衛するため、やむを得ずにした行為は、罰しない。
２　防衛の程度を超えた行為は、情状により、その刑を減軽し、又は免除することができる。

（幇助）
正犯を幇助した者は、従犯とする。
２　従犯を教唆した者には、従犯の刑を科する。

（公務執行妨害及び職務強要）
公務員が職務を執行するに当たり、これに対して暴行又は脅迫を加えた者は、三年以下の懲役若しくは禁固又は五十万円以下の罰金に処する。
２　公務員に、ある処分をさせ、若しくはさせないため、又はその職を辞させるために、暴行又は脅迫を加えた者も、前項と同様とする。

（背任）
他人のためにその事務を処理する者が、自己若しくは第三

者の利益を図り又は本人に損害を加える目的で、その任務に背く行為をし、本人に財産上の損害を加えたときは、五年以上の懲役又は五十万円以下の罰金に処する。

（恐喝）

人を恐喝して財物を交付させた者は、十年以下の懲役に処する。

２　前項の方法により、財産上不法の利益を得、又は他人にこれを得させた者も、同行と同様とする。

（刑の変更）

犯罪後の法律によって刑の変更があったときは、その軽いものによる。

（名誉毀損）

公然と事実を摘示し、人の名誉を毀損した者は、その事実の有無にかかわらず、三年以下の懲役若しくは禁固又は五十万円以下の罰金に処する。

２　死者の名誉を毀損した者は、虚偽の事実を摘示することによってした場合でなければ、罰しない。

（有価証券偽造等）

行使の目的で、公債証書、官庁の証券、会社の株券その他の有価証券を偽造し、又は変造した者は、三月以上十年以下の懲役に処する。

２　行使の目的で、有価証券に虚偽の記入をした者も、前項と同様とする。

(信用毀損及び業務妨害）

虚偽の風説を流布し、又は偽計を用いて、人の信用を毀損し、又はその業務を妨害した者は、三年以下の懲役又は五十万円以下の罰金に処する。

（強盗）

暴行又は脅迫を用いて他人の財物を強取した者は、強盗の罪とし、五年以上の有期懲役に処する。

２　前項の方法により、財産上不法の利益を得、又は他人にこれを得させた者も、同行と同様とする。

（収賄、受託収賄及び事前収賄）

公務員が、その職務に関し、賄賂を収受し、又はその要求若しくは約束をしたときは、五年以下の懲役に処する。この場合において、請託を受けたときは、七年以下の懲役に処する。

２　公務員になろうとする者が、その担当すべき職務に関し、請託を受けて、賄賂を収受し、又はその要求若しくは約束をしたときは、公務員となった場合において、五年以下の懲役に処する。

会社法

（役員等の株式会社に対する損害賠償責任）

取締役、会計参与、監査役、執行役または会計監査人（以下この節において「役員等」という。）は、その任務を怠ったときは、株式会社に対し、これによって生じた損害を賠償する責任を負う。

２　取締役又は執行役が第三百五十六条第一項（第四百十九条第二項において準用する場合を含む。以下この項において同じ。）の規定に違反して第三百五十六条第一項第一号に取引をしたときは、当該取引によって取締役、執行役または第三者が得た利益の額は、前項の損害の額と推定する。

3　第三百五十六条第一項第二号又は第三号（これらの規定を第四百十九条第二項において準用する場合を含む。）の取引によって株式会社に損害が生じたときは、次に掲げる取締役又は執行役は、その任務を怠ったものと推定する。

一　第三百五十六条第一項（第四百十九条第二項において準用する場合を含む。）の取締役又は執行役

二　株式会社が当該取引をすることを決定した取締役又は執行役

三　当該取引に関する取締役会の承認の決議に賛成した取締役（委員会設置会社においては、当該取引が委員会設置会社と取締役との間の取引又は委員会設置会社と取締役との利益が相反する取引である場合に限る。）

（株主総会等の決議の取消しの訴え）

次の各号に掲げる場合には、株主等（当該各号の株主総会等が創立総会又は種類創立総会である場合にあっては、株主等、設立株主、設立時取締役又は設立時監査役）は、株主総会の日から三箇月以内に、訴えをもって当該決議の取消しを請求することができる。当該決議の取消しにより取締役、監査役又は精算人（当該決議が株主総会又は種類株主総会の決議である場合にあっては第三百四十六条第一項（第四百七十九条第四項において準用する場合を含む。）の規定により取締役、監査役又は精算人としての権利義務を有する者を含み、当該決議が創立総会又は種類創立総会の決議である場合にあっては設立時取締役又は設立時監査役を含む。）となる者も、同様とする。

一　株主総会等の招集の手続き又は決議の方法が法令若しくは定款に違反し、又は著しく不公正なとき。

二　株主総会等の決議の内容が定款に違反するとき。

三　株主総会等の決議について特別の利害関係を有する者が議決権を行使したことによって、著しく不当な決議がされたとき。

２　前項の訴えの提起があった場合において、株主総会等の招集の手続又は決議の方法が法令又は定款に違反するときであっても、裁判所は、その違反する事実が重大でない、かつ、決議に影響を及ぼさないものであると認めるときは、同行の規定による請求を棄却することができる。

（協業及び利益相反取引の制限）

取締役は、次に掲げる場合には、株主総会において、当該取引につき重要な事実を開示して、その承認を受けなければならない。

一　取締役が自己又は第三者のために株式会社の事業の部類に属する取引をしょうとするとき。

二　取締役が自己又は第三者のために株式会社と取引をしようとするとき。

三　株式会社が取締役の債務を保証することその他取締役以外の者との間において株式会社と当該取締役との利益が相反する取引をしようとするとき。

２　民法第百八条の規定は、前項の承認を受けた同項第二号の取引については、適用しない。

（会社の組織に関する行為の無効の訴え）

次の各号に掲げる行為の無効は、当該各号に定める期間に、訴えをもってのみ主張することができる。

一　会社の設立　会社の成立の日から二年以内

二　株式会社の成立後における株式の発行　株式の発行の効力が生じた日から六箇月以内（公開会社でない株式会社にあっては、株式の効力が生じた日から一年以内）

三　自己株式の処分　自己株式の処分の効力が生じた日から六箇月以内（公開会社でない株式会社にあっては、自己株式の処分の効力が生じた日から一年以内）

四　新株予約権（当該新株予約権が株予約権付き社債付されたものである場合にあっては、当該新株要約権付社債についての社債を含む。以下この章において同じ。）の発行　新株予約権の発行の効力が生じた日あら六箇月以内（公開会社でない株式会社にあっては、新株予約権の発行の効力が生じた日から一年以内）

五　株式会社における資本金の額の減少　資本金の額の減少の効力が生じた日から六箇月以内

六　会社の組織変更　組織変更の効力が生じた日から六箇月以内

七　会社の吸収合併　吸収合併の効力が生じた日から六箇月以内

八　会社の新設合併　新設合併の効力が生じた日から六箇月以内

九　会社の吸収分割　吸収分割の効力が生じた日から六箇月以内

十　会社の新設分割　新設分割の効力が生じた日から六箇月以内

十一　株式会社の株式交換　株式交換の効力が生じた日から六箇月以内

十二　株式会社の株式移転　株式移転の効力が生じた日から六箇月以内

２　次の各号に掲げる行為の無効の訴えは、当該各号に定める者に限り、提起することができる。

一　前項第一号に掲げる行為　設立する株式会社の株主等（株主、取締役又は精算人（監査役設置会社にあっては株主、取締役、監査役又は精算人、委員会設置会社にあっては株主、取締役、執行役又は精算人）をいう。以下この節において同じ。）又は設立する持分会社の社員等（社員又は精算人をいう。以下この項において同じ）。

二　前項第二号に掲げる行為　当該株式会社の株主等

三　前項第三号に掲げる行為　当該株式会社の株主等

四　前項第四号に掲げる行為　当該株式会社の株主等又は新株予約権者

五　前項第五号に掲げる行為　当該株式会社の株主等、破産管財人又は資本金の額の減少について承認をしなかった債権者

六　前項第六号に掲げる行為　当該行為の効力が生じた日において組織変更をする会社の株主等若しくは社員等であった者又は組織変更後の会社の株主等、社員等、破産管財人若しくは組織変更について承認をしなかった債権者

七　前項第七号に掲げる行為　当該行為の効力が生じた日において吸収合併をする会社の株主等若しくは社員等であった者又は吸収合併後存続する会社の株主等、社員等、破産管財人若しくは吸収合併について承認をしなかった債権者

八　前項第八号に掲げる行為　当該行為の効力が生じた日において新設合併をする会社の株主等若しくは社員等であった者又は新設合併により設立する会社の株主等、社員等、破産管財人若しくは新設合併について承認をしなかった債権者

九　前項第九号に掲げる行為　当該行為の効力が生じた日において吸収分割契約をした会社の株主等若しくは社員等で

あった者又は吸収分割契約をした会社の株主等、社員等、破産管財人若しくは吸収分割について承認をしなかった債権者

十　前項第十号に掲げる行為　当該行為の効力が生じた日において新設分割をする会社の株主等若しくは社員等であった者又は新設分割をする会社若しくは新設分割により設立する会社の株主等、社員等、破産管財人若しくは新設分割について承認をしなかった債権者

十一　前項第十一号に掲げる行為　当該行為の効力が生じた日において株式交換契約をした会社の株式等若しくは社員等であった者又は株式交換契約をした会社の株主等、社員等、破産管財人若しくは株式交換について承認をしなかった債権者

十二　前項第十二号に掲げる行為　当該行為の効力が生じた日において株式移転をする株式会社の株主等であった者又は株式移転により設立する株式会社の株主等

（役員等の第三者に対する損害賠償責任）

役員等がその職務を行うについて悪意又は重大な過失があったときは、当該役員等は、これによって第三者に生じた損害を賠償する責任を負う。

2　次の各号に掲げる者が、当該各号に定める行為をしたときも、前項と同様とする。但し、その者が当該行為をすることについて注意を怠らなかったことを証明したときは、この限りでない。

一　取締役および執行役　次に掲げる行為

イ　株式、新株予約権、社債若しくは新株予約権付社債を引き受ける者の募集をする際に通知しなければならない重要な事項についての虚偽の通知又は当該募集のための当該株式会社の事業そのその他の事項に関する説明に用いた資料につ

いての虚偽の記載若しくは記録

ロ　計算書類及び事業報告並びにこれらの付属明細書並びに臨時計算書類に記載し、又は記録すべき重要な事項についての虚偽の記載または記録

ハ　虚偽の登記

ニ　虚偽の公告（第四百四十条第三項に規定する措置を含む。）

二　会計参与　計算書類及びその付属明細書、臨時計算書類並びに会計参与報告に記載し、又は記録すべき重要な事項についての虚偽の記載又は記録

三　監査役及び監査委員　監査報告に記載し、又は記録すべき重要な事項についての虚偽の記載または記録

四　会計監査人　会計監査報告に記載し、又は記録すべき重要な事項についての虚偽の記載または記録

（株主総会等の決議の不存在又は無効の確認の訴え）

株主総会若しくは種類株主総会又は創立総会若しくは種類創立総会（以下この節及び第九百三十七条第一項第一号において「株式総会等」という。）の決議については、決議が存在しないことの確認を、訴えをもって請求することができる。

２　株主総会の決議については、決議の内容が法令に違反することを理由として、決議が無効であることの確認を、訴えをもって請求することができる。

（取締役の報酬等）

取締役の報酬、賞与その他の職務執行の対価として株式会社から受ける財産上の利益（以下この章において「報酬等」という。）についての次に掲げる事項は、定款に当該事項を定めていないときは、株主総会の決議によって定める。

一　報酬等のうち額が確定しているものについては、その額

二　報酬等のうち額が確定していないものについては、その具体的な算定方法

三　報酬等のうち金銭でないものについては、その具体的な内容

２　前項第二号又は第三号に掲げる事項を定め、又はこれを改定する議案を株主総会に提出した取締役は、当該株主総会において、当該事項を相当とする理由を説明しなければならない。

（会計帳簿の閲覧等の請求）

総株主（株式総会において決議をすることができる事項の全部につき議決権を行使することができない株主を除く。）の議決権の百分の三（これを下回る割合を定款で定めた場合にあっては、その割合）以上の議決権を有する株主又は発行済株式（自己株式を除く。）の百分の三（これを下回る割合を定款で定めた場合にあっては、その割合）以上の数の株式を有する株主は、株式会社の営業時間内は、いつでも、次に掲げる請求をすることができる。この場合においては、当該請求の理由を明らかにしてしなければならない。

一　会計帳簿又はこれに関する資料が書面をもって作成されているときは、当該書面の閲覧又は謄写の請求

二　会計帳簿又はこれに関する資料が電磁的記録をもって作成されているときは、当該電磁的記録に記録された事項を法務省令で定める方法により表示したものの閲覧又は謄写の請求

２　前項の請求があったときは、株式会社は、次のいずれかに該当すると認められる場合を除き、これを拒むことがで

きない。

一　当該請求を行う株主（以下この項において「請求者」という。）がその権利の確保又は行使に関する調査以外の目的で請求を行ったとき。

二　請求者が当該株式会社の業務の遂行を妨げ、株主の共同の利益を害する目的で請求を行ったとき。

三　請求者が当該株式会社の業務と実質的に競争関係にある事業を営み、又はこれに従事するものであるとき。

四　請求者が会計帳簿又はこれに関する資料の閲覧又は謄写によって知り得た事実を利益を得て第三者に通報するため請求したとき。

五　請求者が、過去二年以内において、会計帳簿又はこれに関する資料の閲覧又は謄写によって知り得た事実を利益を得て第三者に通報したことがあるものであるとき。

３　株式会社の親会社社員は、その権利を行使するため必要があるときは、裁判所の許可を得て、会計帳簿又はこれに関する資料について第一項各号に掲げる請求をすることができる。この場合においては、当該請求の理由を明らかにしてしなければばならない。

４　前項の親会社社員について第二項各号のいずれかに規定する自由があるときは、裁判所は、前項の許可をすることができない。

（定義）

この法律において、次の各号に掲げる用語の意義は、当該各号に定めるところによる。

一　会社　株式会社、合名会社、合資会社又は合同会社をいう。

二　外国会社　外国の法令に準拠して設立された法人その

他の外国の団体であって、会社と同種のもの又は会社に類似するものをいう。

三　子会社　会社がその総株主の議決権の過半数を有する株式会社その他の当該会社がその経営を支配している法人として法務省令で定めるものをいう。

四　親会社　株式会社お子会社とする会社その他の当該株式会社の経営を支配している法人として法務省令で定めるものをいう。

五　公開会社　その発行する全部又は一部お株式の内容として譲渡による当該株式の取得について株式会社の承認をようする旨の定款の定めを設けていない株式会社をいう。

六　大会社　次に掲げる要件のいずれかに該当する株式会社をいう。

イ　最終事業年度に係る貸借対照表（第四百三十九条前段に規定する場合にあっては、同条の規定により定時株主総会に報告された貸借対照表をいい、株式会社の成立後最初の定時株主総会までの間においては、第四百三十五条第一項の貸借対照表をいう。ロにおいて同じ。）に資本金として計上した額が五億円以上あること。

ロ　最終事業年度に係る貸借対象表の負債の部に計上した額の合計額が二百億円以上であること。

七　取締役会設置会社　取締役会を置く株式会社又はこの法律の規定により取締役会を置かなければならない株式会社をいう。

八　会計参与設置会社　会社参与を置く株式会社をいう。

九　監査役設置会社　監査役を置く株式会社（その監査役の監査の範囲を会計に関するものに限定する旨の定款の定めがあるものを除く。）又はこの法律の規定により監査役を置かなければならない株式会社をいう。

十　監査役会設置会社　監査役会を置く株式会社又はこの法律の規定により監査役会をおかなければならない株式会社をいう。

十一　会計監査人設置会社　会計監査人を置く株式会社又はこの法律の規定により会計監査人を置かなければならない株式会社をいう。

十二　委員会設置会社　指名委員会、監査委員会及び報酬委員会（以下「委員会」という。）を置く株式会社をいう。

十三　種類株式発行会社　剰余金の配当その他の第百八条第一項各号に掲げる事項について内容の異なる二以上の種類の株式を発行する株式会社をいう。

十四　種類株主総会　種類株主（種類株式発行会社におけるある種類の株式の株主をいう。以下同じ。）の総会をいう。

十五　社外取締役　株式会社の取締役であって、当該株式会社又はその子会社の業務執行取締役（株式会社の第三百六十三条第1項各号に掲げる取締役及び当該株式会社の業務を執行したその他の取締役をいう。以下同じ。）若しくは執行役または支配人その他の使用人ではなく、かつ、過去に当該株式会社又はその子会社の業務執行取締役若しくは執行役又は支配人その他の使用人となったことがないものをいう。

十六　社外監査役　株式会社の監査役であって、過去に当該株式会社又はその子会社の取締役、会計参与（会計参与が法人であるときは、その職務を行うべき社員）若しくは執行役又は支配人その他の使用人となったことがないものをいう。

十七　譲渡制限株式　株式会社がその発行する全部又は一部の株式の内容として譲渡による当該株式の取得について当該株式会社の承認を要する旨の定めを設けている場合における当該株式会社をいう。

十八　取得請求権付株式　株式会社がその発行する全部又

は一部の株式の内容として株主が当該株式会社に対して当該株式の取得を請求することができる旨の定めを設けている場合における当該株式をいう。

十九　取得条項付き株式　株式会社がその発行する全部又は一部の株式の内容として当該株式会社が一定の事由が生じたことを条件として当該株式を取得することができる旨の定めを設けている場合における当該株式をいう。

二十　単元株式数　株式会社がその発効する株式について、一定の数の株式をもって株主が株主総会又は種類株主総会において一個の議決権を行使することができる一単元の株式とする旨の定款の定めを設けている場合における当該一定の数をいう。

二十一　新株予約権　株式会社に対して行使することにより当該株式会社の交付を受けることができる権利をいう。

二十二　新株予約権付社債　新株予約権を付した社債をいう。

二十三　社債　この法律の規定により会社が行う割当てにより発生する当該会社を債務者とする金銭債権であって、第六百七十六条各号に掲げる事項についての定めに従い償還されるものをいう。

二十四　最終事業年度　各事業年度に係る第四百三十五条第二項に規定する計算書類につき第四百三十八条第二項の承認（第四百三十九条前段に規定する場合にあっては、第四百三十六条第三項の承認）を受けた場合における当該各事業年度のうち最も遅いものをいう。

二十五　配当財産　株式会社が剰余金の配当をする場合における配当する財産をいう。

二十六　組織変更　次のイまたはロに掲げる会社がその組織を変更することにより当該イ又はロに定める会社となるこ

とをいう。

イ　株式会社　合名会社、合資会社又は合同会社

ロ　合名会社、合資会社又は合同会社　株式会社

二十七　吸収合併　会社が他の会社とする合併であって、合併により消滅する会社の権利義務の全部を合併後存続する会社に承継させるものをいう。

二十八　新設合併　二以上の会社がする合併であって、合併により消滅する会社の権利義務の全部を合併により設立する会社に承継させるものをいう。

二十九　吸収分割　株式会社又は合同会社がその事業に関して有する権利義務の全部または一部を分割後他の会社に承継させることをいう。

三十　新設分割　一又は二以上の株式会社又は合同会社がその事業に関して有する権利義務の全部又は一部を分割により設立する会社に承継させることをいう。

三十一　株式交換　株式会社がその発行済株式（株式会社が発行している株式をいう。以下同じ。）の全部を他の株式会社又は合同会社に取得させることをいう。

三十二　株式移転　一又は二以上の株式会社がその発行済株式の全部を新たに設立する株式会社に取得させることをいう。

三十三　公告方法　会社（外国会社を含む。）が公告（この法律又は他の法律の規定により官報に掲載する方法によりしなければならないものとされているものを除く。）をする方法をいう。

三十四　電子公告　公告方法のうち、電磁的方法（電子情報処理組織を使用する方法その他の情報通信の技術を利用する方法であって法務省令で定めるものをいう。以下同じ。）により不特定多数の者が公告すべき内容である情報の提供を

受けることができる状態に置く措置であって法務省令で定めるものをとる方法をいう。

（責任追及等の訴え）

六箇月（これを下回る期間を定款で定めた場合にあっては、その期間）前から引き続き株式を有する株主（第百八十九条第二項の定款の定めによりその権利を行使することができない単元未満株主を除く。）は、株式会社に対し、書面その他の法務省令で定める方法により、発起人、設立時取締役、設立時監査役、役員等（第四百二十三条第一項に規定する役員等をいう。以下この条において同じ。）若しくは清算人を追及する訴え、第百二十条第三項の利益の変更を求める訴え又は第二百十二条第一項若しくは第二百八十五条第一項の規定による支払いを求める訴え（以下この説において「責任追及等の訴え」という。）の提起を請求することができる。ただし、責任追及等の訴えが当該株主若しくは第三者の不正な利益を図り又は当該株式会社に損害を加えることを目的とする場合は、この限りでない。

2　公開会社でない株式会社における前項の規定の適用については、同項中「六箇月（これを下回る期間を定款で定めた場合にあっては、その期間）前から引き続き株式を有する株主」とあるのは、「株主」とする。

3　株式会社が第一項の規定による請求の日から六十日以内に責任追及等の訴えを提起しないときは、当該請求をした株主は、株式会社のために、責任追及等の訴えを提起することができる。

4　株式会社は、第一項の規定による請求の日から六十日以内に責任追及等の訴えを提起しない場合において、当該請求をした株主又は同項発起人、設立時取締役、設立時監査役、役員等若しくは清算人から請求を受けたときは、当該請求をした者に対し、遅滞なく、責任追及等の訴えを提起しない理由を書面その他の法務省令で定める方法により通知しなければならない。

5　第一項及び第三項の規定にかかわらず、同項の機関の経過により株式会社に回復することができない損害が生ずるおそれがある場合には、第一項の株主は、株式会社のために、直ちに責任追及等の訴えを提起することができる。ただし、同項ただし書きに規定する場合、その限りでない。

6　第三項又は前項の責任追及等の訴えは、訴訟の目的の価格の算定については、財産権上の請求でない請求に係る訴えとみなす。

7　株主が責任追及等の訴えを提起したときは、裁判所は、被告の申立てにより、当該株主に対し、相当の担保を立てるべきことを命ずることができる。

8　被告が前項の申立てをするには、責任追及等の訴えの提起が悪意によるものであることを疎明しなければならない。

（取締役会の権限等）

取締役会はすべての取締役で組織する。

2　取締役会は、次に掲げる職務を行う

一　取締役会設置会社の業務執行の決定

二　取締役の職務の執行の監査

三　代表取締役の選定及び解職

3　取締役会は、取締役の中から代表取締役を選定しなければならない。

4　取締役会は、次に掲げる事項その他の重要な業務執行の決定を取締役に委任することができない。

一　重要な財産の処分及ぶ譲受け

二　多額の借財

三　支配人その他の重要な使用人の専任及び解任

四　支店その他の重要な組織の設置、変更及び廃止

五　第六百七十六条第一号に掲げる事項その他の社債を引き受ける者の募集に関する重要な事項として法務省令で定める事項

六　取締役の職務の執行が法令及び定款に適合することを確保するための体制の他株式会社の業務の適正を確保するために必要なものとして法務省令で定める体制の整備

七　第四百二十六条第一項の規定による定款の定めに基づく第四百二十三条第一項の責任の免除

5　大会社である取締役会設置会社においては、取締役会は、前項第6号に掲げる事項を決定しなければならない。

（定款の記載又は記録事項）

株式会社を設立する場合には、次に掲げる事項は、第二十六条第一項の定款に記載し、又は記録しなければ、その効力を生じない。

一　金銭以外の財産を出資する者の氏名又は名称、当該財産及びその価額並びにその者に対して割り当てる設立時発行株式の数（設立しようとする株式会社が種類株式発行会社である場合にあっては、設立時発行株式の種類及び種類ごとの数。第三十二条第一項第一号において同じ。）

二　株式会社の成立後に譲り受けることを約した財産及びその価額並びにその譲渡人の氏名又は名称

三　株式会社の成立により発起人が受ける報酬その他の特別の利益及びその発起人の氏名又は名称

四　株式会社の負担する設立に関する費用（定款の認証の手数料その他株式会社に損害を与えるおそれがないものとし

て法務省令で定めるものを除く。）

刑事訴訟法

裁判所は、検察官の請求があるときは、公訴事実の同一性を害しない限度において、起訴状に記載された訴因又は罰条の追加、撤回又は変更を許さなければならない。

２　裁判所は、審理の経過に鑑み適当と認めるときは、訴因又は罰条を追加又は変更すべきことを命ずることができる。

３　裁判所は、訴因又は罰条の追加、撤回又は変更があったときは、速やかに追加、撤回又は変更された部分を被告人に通知しなければならない。

４　裁判所は、訴因又は罰条の追加又は変更により被告人の防御に実質的な不利益を生ずる虞があると認めるときは、被告人又は弁護人の請求により、決定で、被告人に充分な防御の準備をさせるため必要な期間公判手続を停止しなければならない。

公訴の提起は、起訴状を提出してこれをしなければならない。

２　起訴状には、左の事項を記載しなければならない。

一　被告人の氏名その他被告人を特定するに足りる事項

二　公訴事実

三　罪名

３　公訴事実は、訴因を明示してこれを記載しなければならない。訴因を明示するには、できる限り日時、場所および方法を以て罪となるべき事実を特定してこれをしなければならない。

４　罪名は、適用すべき罰条を示してこれを記載しなければならない。但し、罰条の記載の誤は、被告人の防御に実質的な不利益を生ずる虞がない限り、公訴提起の効力に影響を及ぼさない。

5　数個の訴因及び罰条は、予備的に又は択一的にこれを記載することができる。

6　起訴状には、裁判官に事件につき予断を生ぜしめる虞のある書類その他の物を添附し、又はその内容を引用してはならない。

事実の認定は、証拠による。

有罪の言渡をするには、罪となるべき事実、証拠の標目及び法令の適用を示さなければならない。

2　法律上犯罪の成立を妨げる理由又は刑の加重減免の理由となる事実が主張されたときは、これに対する判断を示さなければならない。

被告人以外の者が作成した供述書又はその者の供述を録取した書面で供述者の署名若しくは押印のあるものは、次に掲げる場合に限り、これを証拠とすることができる。

一　裁判官の面前（第百五十七奈上の四第一項に規定する方法による場合を含む。）における供述を録取した書面については、その供述者が死亡、精神若しくは身体の故障、所在不明若しくは国外にいるため公判準備若しくは公判期日において供述することができないとき、又は供述者が公判準備若しくは公判期日において前の供述と異なった供述をしたとき。

二　検察官の面前における供述を録取した書面については、その供述者が死亡、精神若しくは身体の故障、所在不明若しくは国外にいるため公判準備若しくは公判記述において供述することができないとき、又は公判準備若しくは公判期日において前の供述と相反するか若しくは実質的に異なった供述をしたとき。但し、公判準備又は公判期日における供述よりも前の供述を信用すべき特別の状況の存するときに限る。

三　前二号に掲げる書面以外の書面については、供述者が死亡、精神若しくは身体の故障、所在地不明又は国外にいるため公判準備又は公判期日において供述することができず、且つ、その供述が犯罪事実の存否の証明に欠くことができないものであるとき。但し、その供述が特に信用すべき状況の下にされたものであるときに限る。

２　被告人以外の者の公判準備若しくは公判期日における供述を録取した書面又は裁判所若しくは裁判官の検証の結果を記載した書面は、前項の規定にかかわらず、これを証拠とすることができる。

３　検察官、検察事務官又は司法警察職人の検証の結果を記載した書面は、その供述者が公判期日において証人として尋問を受け、その真正に作成されたものであることを供述したときは、第一項の規定にかかわらず、これを証拠とすることができる。

４　鑑定の経過及び結果を記載した書面で鑑定人の作成した者についても、前項と同様である。

強制、拷問又は脅迫による自白、不当に長く抑留又は拘禁された後の自白その他任意にされたものでない疑いのある自白は、これを証拠とすることができない。

２　被告人は、公判廷における自白であると否とを問わず、その自白が自己に不利益な唯一の証拠である場合には、有罪とされない。

３　前二項の自白には、起訴された犯罪について有罪であることを自認する場合を含む。

捜査については、その目的を達するため必要な取調をすることができる。但し、強制の処分は、この法律に特別の定めのある場合でなければ、これをすることができない。

2　捜査については、公務所又は公私の団体に照会して必要な事項の報告を求めることができる。

3　検察官、検察事務官又は司法警察員は、差押え又は記録命令付差押えをするため必要があるときは、電気通信を行うための設備を他人の通信の用に供する事業を営む者又は自己の業務のために不特定若しくは多数の者の通信を媒介することのできる電気通信を行うための設備を設置している者に対し、その業務上記録している電気通信の送信元、送信先、通信日時その他の通信履歴の電磁的記録のうち必要なものを特定し、三十日を超えない期間を定めて、これを消去しないよう、書面で求めることができる。この場合において、当該電磁的記録について差押え又は記録命令付差押えをする必要がないと認めるに至ったときは、当該求めを取り消さなければならない。

4　前項の規定により消去しないよう求める期間については、特に必要があるときは、三十日を超えない範囲内で延長することができる。ただし、消去しないよう求める期間は、通じて六十日を超えることができない。

5　第二項又は第三項の規定による求めを行う場合において、必要があるときは、みだりにこれらに関する事項を漏らさないよう求めることができる。

上告裁判所は、第四百五条各号に規定する事由がない場合であっても、左の自由があって原判決を破棄しなければ著しく正義に反すると認めるときは、判決で原判決を破棄することができる。

一　判決に影響を及ぼすべき法令の違反があること。

二　刑の量定が甚だしく不当であること。

三　判決に影響を及ぼすべき重大な事実の誤認があること。

四　再販の請求をすることができる場合にあたる自由があること。

五　判決があった後に刑の廃止若しくは変更又は大赦があったこと。

非常上告が理由のあるときは、左の区別に従い、判決をしなければならない。

一　原判決が法令に違反したときは、その違反した部分を破棄する。但し、原判決が被告人のため不利益であるときは、これを破棄して、被告事件について更に判決をする。

二　訴訟手続きが法令に違反したときは、その違反した手続きを破棄する。

検察官、検察事務官又は司法警察職員は、犯罪の捜査をするについて必要があるときは、裁判官の発する令状により、差押え、記録命令付差押え、捜索又は検証をすることができる。この場合において、身体の検査は、身体検査令状によらなければならない。

２　差し押さえるべき物が電子計算機であるときは、当該電子計算機に電気通信回線で接続している記録媒体であって、当該電子計算機で作成若しくは変更をした電磁的記録又は当該電子計算機で変更若しくは消去をすることができることとされている電磁的記録を保管するために使用されていると認めるに足りる状況にあるものから、その電磁的記録を当該電子計算機又は他の記録媒体に複写した上、当該電子計算機又は当該他の記録媒体を差し押さえることができる。

3　身体の拘束を受けている被疑者の指紋若しくは足型を採取し、身長もしくは体重を測定し、又は写真を撮影するには、被疑者を裸にしない限り、第一項の令状によることを要しない。

4　第一項の令状は、検察官、検察事務官又は司法警察員の請求により、これを発する。

5　検察官、検察事務官又は司法警察員は、身体検査令状の請求をするには、身体の検査を必要とする理由及び身体の県債を受ける者の性別、健康状態その他裁判所の規則で定める事項を示さなければならない。

6　裁判官は、身体の検査に関し、適当と認める条件を附することができる。

身体の拘束を受けている被告人又は被疑者は、弁護人又は弁護人を選任することができる者の依頼により弁護人となろうとする者（弁護士でない者にあっては、第三十一条第二項の許可があった後に限る。）と立会人なくして接見し、又は書類若しくは物の授受をすることができる。

2　前項の接見又は授受については、法令（裁判所の規則を含む。以下同じ。）で、被告人又は被疑者の逃亡、罪証の隠滅又は戒護に支障のある物の授受を防ぐため必要な措置を規定することができる。

3　検察官、検察事務官又は司法警察職員（司法警察員及び司法巡査をいう。以下同じ。）は、捜査のため必要があるときは、公訴の提起前に限り、第一項の接見又は授受に関し、その日時、場所及び時間を指定することができる。但し、その指定は、被疑者が防御の準備をする権利を不当に制限するようなものであってはならない。

犯罪により害を被った者は、告訴することができる。

再審の請求は、左の場合において、有罪の言渡をした確定判決に対して、その言渡を受けた者の利益のために、これをすることができる。

一　原判決の証拠となった証拠書類又は証拠物が確定判決により偽造又は変造であったことが証明されたとき。

二　原判決の証拠となった証言、鑑定、通訳又は翻訳が確定判決により虚偽であったことが証明されたとき。

三　有罪の言渡を受けた者を誣告した罪が確定判決により証明されたとき。但し、誣告により有罪の言渡を受けたときに限る。

四　原判決の証拠となった裁判が確定裁判により変更されたとき。

五　特許権、実用新案権、意匠権又は商標権を害した罪により有罪の言渡をした事件について、その権利の無効の審決が確定したとき、又は無効の判決があったとき。

六　有罪の言渡を受けた者に対して無罪若しくは免訴を言い渡し、刑の言渡を受けた者に対して刑の免除を言い渡し、又は原判決において認めた罪より軽い罪を認めるべき明らかな証拠をあらたに発見したとき。

七　原判決に関与した裁判官、原判決の証拠となった証拠種類の作成に関与した裁判官又は原判決の証拠となった書面を作成し若しくは供述をした検察官、検察事務官若しくは司法警察職員が被告事件について職務に関する罪を犯したことが確定判決により証明されたとき。但し、原判決をする前に裁判官、検察官、検察事務官又は司法警察職員に対して公訴の提起があった場合には、原判決をした裁判所がその事実を知らなかったときに限る。

検察官、検察事務官又は司法警察職員は、犯罪の捜査をするについて必要があるときは、被疑者の出頭を求め、これを取り調べることができる。但し、被疑者は、逮捕又は勾留されている場合を除いては、出頭を拒み、又は出頭後、何時でも退去することができる。

2　前項の取調べに際しては、被疑者に対し、あらかじめ、自己の意思に反して供述をする必要がない旨を告げなければならない。

3　被疑者の供述は、これを調書に録取することができる。

4　前項の調書は、これを被疑者に閲覧させ、又は読み聞かせて、誤がないかどうかを問い、被疑者が増減変更の申立をしたときは、その供述を調書に記載しなければならない。

5　被疑者が、調書に誤のないことを申立てたときは、これに署名押印することを求めることができる。但し、これを拒絶した場合は、この限りでない。

裁判官は、次に掲げる場合には、職務の執行から除斥される。

一　裁判官が被害者であるとき。

二　裁判官が被告人又は被害者の親族であるとき、又はあったとき。

三　裁判官が被告人又は被疑者の法定代理人、後見監督人、保佐人、保佐監督人、補助人又は補助監督人であるとき。

四　裁判官が事件について証人又は鑑定人となったとき。

五　裁判官が事件について被告人の代理人、弁護人又は補佐人となったとき。

六　裁判官が事件について検察官又は司法警察員の職務を

行ったとき。

七　裁判官が事件について第二百六十六条第二号の決定、略式明利、前審の裁判、第三百九十八条乃至四百条、第四百十二条若しくは第四百十三条の規定により差し戻し、若しくは移送された場合における原判決又はこれらの裁判の基礎となった取調べに関与したとき。ただし、受託裁判官として関与した場合は、この限りでない。

左の自由があることを理由として控訴の申立をした場合には、控訴趣旨書に、訴訟記録及び原裁判所において取り調べた証拠に現われている事実であってその事由があることを信ずるに足りるものを援用しなければならない。

一　不法に管轄又は管轄違いを認めたこと。

二　不法に、公訴を受理し、又はこれを棄却したこと。

三　審判の請求を受けた事件について判決をせず、又は審判の請求を受けない事件について判決をしたこと。

四　判決に理由を附せず、又は理由にくいちがいがあること。

被告人の利益のため原判決を破棄する場合において、破棄の理由が控訴をした共同被告人に共通であるときは、その共同被告人のためにも原判決を破棄しなければならない。

前二条に規程する理由以外の理由によって原判決を破棄するときは、判決で、事件を原裁判所に差し戻し、又は原裁判所と同等の他の裁判所に移送しなければならない。但し、控訴裁判所は、訴訟記録並びに原裁判所及び控訴裁判所において取り調べた証拠によって、直ちに判決をすることができるものと認めるときは、被告事件について更に判決をすることができる。

民事訴訟法

（証書真否確認の訴え）

確認の訴えは、法律関係を証する書面の成立の真否を確認するためにも提起することができる。

（文書提出義務）

次に掲げる場合には、文書の所持者は、その提出を拒むことができない。

一　当事者が訴訟において引用した文書を自ら所持するとき。

二　当事者が文書の所持者に対しその引渡し又は閲覧を求めることができるとき。

三　文書が挙証者の利益のために作成され、又は挙証者と文書の所持者との間の法律関係について作成されたとき。

四　前三号に掲げる場合のほか、文書が次に掲げるもののいずれにも該当しないとき。

イ　文書の所持者又は文書の主事者と第百九十六条各号に掲げる関係を有する者についての同条に規定する事項が記載されている文書

ロ　公務員の職務上の秘密に関する文書でその提出により公共の利益を害し、又は公務の遂行に著しい支障を生ずるおそれがあるもの

ハ　第百九十七条第一項第二号に規定する事実又は同項第三号に規定する事項で、黙秘の義務が免除されていないものが記載されている文書

ニ　専ら文書の所持者の利用に供するための文書（国又は地方公共団体が所持する文書にあっては、公務員が組織的に用いるものを除く。）

ホ　刑事事件に係る訴訟に関する書類若しくは少年の保護事件の記録又はこれらの事件において押収されている文書

（既判力の範囲）

確定判決は、主文に包含するものに限り、既判力を有する。

２　相殺のために主張した請求の成立又は不成立の判断は、相殺をもって対抗した額について既判力を有する。

（自由心証主義）

裁判所は、判決をするに当たり、口頭弁論の前趣旨及び証拠調べの結果をしん酌して、自由な心証により、事実についての主張を真実と認めるべきか否かを判断する。

（選定当事者）

共同の利益を有する多数の者で前条の規定に該当しないものは、その中から、全員のために原告又は被告となるべき一人又は数人を選定することができる。

２　訴訟の係属の後、前項の規定により原告又は被告となるべき者を選定したときは、他の当事者は、当然に訴訟から脱退する。

３　係属中の訴訟の原告又は被告と共同の利益を有する者で当事者でないものは、その原告又は被告を自己のためにも原告又は被告となるべき者として選定することができる。

４　第一項又は前項の規定により原告又は被告となるべき者を選定した者（以下「選定者」という。）は、その選定を取り消し、又は選定された当事者（以下「選定当事者」という。）を変更することができる。

５　選定当事者のうち死亡その他の自由によりその資格を喪失した者があるときは、他の選定当事者において全員のために訴訟行為をすることができる。

（再審の自由）

次に掲げる事由がある場合には、確定した終局判決に対し、再審の訴えをもって、不服を申し立てることができる。ただし、当事者が控訴若しくは上告によりその事由を主張したとき、又はこれを知りながら主張しなかったときは、この限りでない。

一　法律に従って判決裁判所を構成しなかったこと。

二　法律により判決に関与することができない裁判官が判決に関与したこと。

三　法定代理人、訴訟代理人又は代理人が訴訟行為をするのに必要な授権を欠いたこと。

四　判決に関与した裁判官が事件について職務に関する罪を犯したこと。

五　刑事上罰すべき他人の行為により、自白をするに至ったこと又は判決に影響を及ぼすべき攻撃若しくは防御の方法を提出することを妨げられたこと。

六　判決の証拠となった文書その他の物件が偽造又は変造されたものであったこと。

七　証人、鑑定人、通訳又は宣誓した当事者若しくは法定代理人の虚偽の陳述が判決の証拠となったこと。

八　判決の基礎となった民事若しくは刑事の判決その他の

裁判又は行政処分が後の裁判又は行政処分により変更されたこと。

九　判決に影響を及ぼすべき重要な事項について判断の遺脱があったこと。

十　不服の申立てに係る判決が前に確定した判決と抵触すること。

２　前項第四号から第七号までに掲げる事由がある場合においては、罰すべき行為について、有罪の判決若しくは科料の裁判が確定したとき、又は証拠がないという理由以外の理由により有罪の確定判決若しくは科料の確定裁判を得ることができないときに限り、再審の訴えを提起することができる。

３　控訴審において事件につき本案判決をしたときは、第一審の判決に対し再審の訴えを提起することができない。

（必要的共同訴訟）

訴訟の目的が共同訴訟人の全員について合一にのみ確定すべき場合には、その一人の訴訟行為は、全員の利益においてのみその効力を生ずる。

２　前項の規定する場合には、共同訴訟人の一人に対する相手の訴訟行為は、全員に対してその効力を生ずる。

３　第一項に規定する場合において、共同訴訟人の一人について訴訟手続の中断又は中止の原因があるときは、その中断又は中止は、全員についてその効力を生ずる。

４　第三十二条第一項の規定は、第一項に規定する場合において、共同訴訟人の一人が規定した上訴について他の共同訴訟人である被保佐人若しくは被補助人又は他の共同叢書人の後見人その他の法定代理人のすべき訴訟行為について準用する。

（外国裁判所の確定判決の効力）

外国裁判所の確定判決は、次に掲げる要件のすべてを具備する場合に限り、その効力を有する。

一　法令又は条約により外国裁判所の裁判権が認められること。

二　敗訴の被告が訴訟の開始に必要な呼出し若しくは命令の送達（公示送達その他これに類する送達を除く。）を受けたこと又はこれを受けなかったが応訴したこと。

三　判決の内容及び訴訟手続が日本における公の秩序又は善良の風俗に反しないこと。

四　相互の保障があること。

（共同訴訟人の地位）

共同訴訟人の一人の訴訟行為、共同訴訟人の一人に対する相手方の訴訟行為及び共同訴訟人の一人について生じた事項は、他の共同訴訟に影響を及ぼさない。

（判決事項）

裁判所は、当事者が申し立てていない事項について、判決をすることができない。

（法人でない社団等の当事者能力）

法人でない社団又は財団で代表者又は管理人の定めがあるものは、その名において訴え、又は訴えられることができる。

（釈明権等）

裁判長は、口頭弁論の期日又は期日外において、訴訟関係を明瞭にするため、事実上及び法律上の事項に関し、当事者に対して問いを発し、又は立証を促すことができる。

２　陪席裁判官は、裁判長に告げて、前項に規定する処置をすることができる。

３　当事者は、口頭弁論の期日又は期日外において、裁判長に対して必要な発問を求めることができる。

４　裁判長または陪席裁判官が、口頭弁論の記述外において、攻撃又は防御の方法に重要な変更を生じ得る事項について第一項又は第二項の規定による処置をしたときは、その内容を相手方に通知しなければならない。

（訴訟手続の中断および受継）

次の各号に掲げる事由があるときは、訴訟手続は、中断する。この場合においては、それぞれ当該各号に定める者は、訴訟手続を受け継がなければならない。

一　当事者の死亡

相続人、相続財産管理人その他法令により訴訟を続行すべき者

二　当事者である法人の合併による消滅

合併によって設立された法人又は合併後存続する法人

三　当事者の訴訟能力の喪失又は法定代理人の死亡若しくは代理権の消滅

法定代理人又は訴訟能力を有するに至った当事者

四　次のイからハまでに掲げる者の信託に関する任務の終了

当該イからハまでに定める者

イ　当事者である受託者　新たな受託者又は住宅財産管理者若しくは信託財産法人管理人

ロ　当事者である信託財産管理者又は信託財産法人管理人

新たな受託者又は新たな信託財産管理者若しくは新たな信託財産法人管理人

ハ　当事者である信託管理人　受益者又は新たな信託管理人

五　一定の資格をゆする者で自己の名で他人のために訴訟の当事者となるものの死亡その他の自由による資格の喪失

同一の資格を有する者

六　選定当事者の全員の死亡その他の自由による資格の喪失

選定者の全員又は新たな選定当事者

２　前項の規定は、訴訟代理人がある間は、適用しない。

３　第一項第一号に掲げる事由がある場合においても、相続人は、相続の放棄をすることができる間は、訴訟手続を受け継ぐことができない。

４　第一項第二号の規定は、合併をもって相手方に対抗することができない場合には、適用しない。

５　第一項第三号の法定代理人が保佐人又は補助人である場合にあっては、同号の規定は、次に掲げるときには、適用しない。

一　被保佐人又は被補助人が訴訟行為をすることについて保佐人又は補助人の同意を得ることを要しないとき。

二　被保佐人又は被補助人が全豪に規定する同意を得ることを要する場合において、その同意を得ているとき。

（重複する訴えの提起の禁止）

裁判所に係属する事件については、当事者は、更に訴えを提起することができない。

（和解調書の効力）

和解又は請求の放棄若しくは認諾を調書に記載したときは、その記載は、確定判決と同一の効力を有する。

（確定判決等の効力が及ぶ者の範囲）

確定判決は、次に掲げる者に対してその効力を有する。

一　当事者

二　当事者が他人のために原告又は被告となった場合のその他人

三　前二号に掲げる者の口頭弁論終結後の承継人

四　前三号に掲げる者のために請求の目的物を所持する者

２　前項の規定は、仮執行の宣言について準用する。

（損害額の認定）

損害が生じたことが認められる場合において、損害の性質上その額を立証することが極めて困難であるときは、裁判所は、口頭弁論の全趣旨及び証拠調べの結果に基づき、相当な損害額を認定することができる。

（裁判官の除斥）

裁判官は、次に掲げる場合には、その職務の執行から除斥される。ただし、第六号に掲げる場合にあっては、他の裁判所の嘱託による住宅裁判官としてその職務を行うことを妨げない。

一　裁判官又はその配偶者若しくは配偶者であった者が、事件の当事者であるとき、又は事件について当事者と共同権利者、共同義務者若しくは償還義務者の関係にあるとき。

二　裁判官が当事者の四親等内の血族、三親等内の姻族若しくは同居の親族であるとき、又はあったとき。

三　裁判官が当事者の後見人、後見監督人、保佐人、保佐監督人、補助人又は補助監督人であるとき。

四　裁判官が事件について証人又は鑑定人となったとき。

五　裁判官が事件について当事者の代理人又は補佐人であるとき、又はあったとき。

六　裁判官が事件について仲裁判断に関与し、又は不服を申し立てられた前審の裁判に関与したとき。

2　前項に規定する除斥の原因があるときは、裁判所は、申立てにより又は職権で、除斥の裁判をする。

（独立当事者参加）

訴訟の結果によって権利が害させることを主張する第三者又は訴訟の目的の全部もしくは一部が自己の権利であることを主張する第三者は、その訴訟の当事者の双方又は一方を相手方として、当事者としてその訴訟に参加することができる。

2　前項の規定による参加の申出は、書面でしなければならない。

3　前項の書面は、当事者双方に送達しなければならない。

4　第四十条第一項から第三項までの規定は第一項の訴訟の当事者及び同項の規定によりその訴訟に参加した者について、第四十三条の規定は同項の規定による参加の申出について準用する。

（訴えの変更）

原告は、請求の基礎に変更がない限り、口頭弁論の終結に至るまで、請求又は請求の原因を変更することができる。ただし、これにより著しく訴訟手続を遅滞させることとなるときは、この限りでない。

2　請求の変更は、書面でしなければならない。

3　前項の書面は、相手方に送達しなければならない。

4　裁判所は、請求又は請求の原因の変更を不当であると認めるときは、申立てにより又は職権で、その変更を許さない旨の決定をしなければならない。

（時期に遅れた攻撃防御方法の却下等）

当事者が故意又は重大な過失により時期に遅れて提出した攻撃又は防御の方法については、これにより訴訟の完結を遅延させることとなると認めたときは、裁判所は、申立てにより又は職権で、却下の決定をすることができる。

２　攻撃又は防御の方法でその趣旨が明瞭でないものについて当事者が必要な釈明をせず、又は釈明をすべき期日に出頭しないときも、前項と同様とする。

（証明することを要しない事実）

裁判所において当事者が自白した事実及び顕著な事実は、証明することを要しない。

（補助参加）

訴訟の結果について利害関係を有する第三者は、当事者の一方を補助するため、その訴訟に参加することができる。

（訴訟行為の追完）

当事者がその責めに帰することができない事由により不変期間を機遵守することができなかった場合には、その事由が消滅した後一週間以内に限り、不変期間内にすべき訴訟行為の追完をすることができる。ただし、外国に在する当事者については、この期間は、二月とする。

２　前項の期間については、前条第一項本文の規定は、適用しない。

（上告受理の申立て）

上告をすべき裁判所が最高裁判所である場合には、最高裁判所は、原判決に最高裁判所の判例（これがない場合にあっては、大審院又は上告裁判所若しくは控訴裁判所である高等裁判所の判例）と相反する判断がある事件その他の法令の解釈に関する重要な事項を含むものと認められる事件について、申立てにより、決定で、上告審として事件を受理することができる。

2　前項の申立て（以下「上告受理の申立て」という。）においては、第三百十二条第一項及び第二項に規定する事由を理由とすることができない。

3　第一項の場合において、最高裁判所は、上告受理の申立ての理由中に重要でないと認めるものがあるときは、これを排除することができる。

4　第一項の決定があった場合には、上告があったものとみなす。この場合においては、第三百二十条の規定の適用については、上告受理の申立ての理由中前項の規定により排除あれたもの以外のものを上告の理由とみなす。

5　第三百十三条から第三百十五条まで及び第三百十六条第一項の規定は、上告受理の申立てについて準用する。

www.ingramcontent.com/pod-product-compliance
Lightning Source LLC
Chambersburg PA
CBHW051917170526
45168CB00001B/427

* 9 7 8 1 5 1 4 8 6 3 8 3 1 *